PiCa PaU$_2$

YAN SCHENKEL

A BANDA DO PICA PAU 2

Tradução Cristiane Bertoluci

OLHARES
São Paulo, 2021

SUMÁRIO

6	**INTRODUÇÃO**	29	Ponto baixo pontudo (pontudo)
		29	Em espiral (trama tubular)
9	Ao crochetar meus padrões	30	CANELADO EM PONTO BAIXO (RELEVO PARA FRENTE E PARA TRÁS)
		31	AUMENTOS E DIMINUIÇÕES
10	**FERRAMENTAS E MATERIAIS**	31	Aumento (abreviação: aum)
10	AGULHA DE CROCHÊ	31	Diminuição (abreviação: dim)
12	Tamanhos / numeração	32	Trabalhando em espiral
12	Conversão de agulhas de crochê	32	ANEL MÁGICO
13	FIOS	34	CROCHETANDO AO REDOR DE UMA CORRENTE DE BASE
13	Algodão	35	TROCAR CORES UNINDO A FIOS NOVOS
13	Lãs	36	JACQUARD E TAPEÇARIA
13	Fibras sintéticas	37	ARREMATE
14	Peso do fio	37	Esconder o resto de fio em uma trama plana
15	OUTROS MATERIAIS E FERRAMENTAS ESSENCIAIS	37	Esconder o resto de fio em uma peça com enchimento
		38	BORDADO
16	**TENSÃO PARA ROUPAS E ACESSÓRIOS: A AMOSTRA**	39	UNIR PARTES (COSTURA)
		39	Unir partes abertas
		39	Unir uma peça aberta com uma fechada
18	**INTRODUÇÃO AO CROCHÊ**		
18	COMO SEGURAR A AGULHA E O FIO (POSIÇÃO DA MÃO)	40	**LEITURA DE PADRÃO**
18	Pegada de lápis	40	PARÊNTESES E COLCHETES
18	Pegada de faca		
18	Como segurar o fio	42	**PADRÕES**
18	**PONTOS**	44	Logan Coala
		50	Darwin Tartaruga
19	NÓ CORREDIÇO	56	Satsuki Gata
19	PONTO CORRENTE (abreviação: corr)	62	Mario Guaxinim
20	Corrente de base	68	Agatha Abelha
20	Corrente de subida	74	Newton Coruja
20	ONDE INSERIR A AGULHA (LOCALIZAÇÃO DOS PONTOS)	80	Otis Preguiça
21	PONTO BAIXÍSSIMO (abreviação: pbx)	86	Henriette Zebra
21	Unir uma corrente com ponto baixíssimo (carreira de base tubular)	92	Luisa Elefante
		100	Anderson Foca
22	PONTO BAIXO (abreviação: pb)	106	James Pato
22	Em carreiras (trama plana)	112	Philip Lagosta
23	Em espiral (trama tubular)	120	Lupita Macaca-aranha
23	Diferença entre ponto baixo em V e em X	126	Monty Tamanduá
24	PONTO MEIO ALTO (abreviação: pma)	134	Javier Cabra
24	Em carreiras (trama plana)	140	Nira Tigresa
26	PONTO ALTO (abreviação: pa)	146	Sebastião Leão
26	Em carreiras (trama plana)	154	Thomas Lobo-guará
27	PONTO BOLHA	162	Ada Ovelhinha
28	PONTO MUSGO	168	Elena Corça
28	Em carreiras (trama plana)		
29	PONTO CESTARIA PONTUDO	175	**AGRADECIMENTOS**

INTRODUÇÃO

Ainda não acredito que terminei meu terceiro livro. É surreal! Também não posso acreditar que escrever as palavras iniciais continua sendo uma das partes mais difíceis. Eu adoraria contar a vocês tantas coisas... Expressar minha gratidão a vocês, falar da emoção que sinto por esta nova oportunidade, deixar entre lágrimas meu "muitíssimo obrigada" a todos que me apoiaram desde sempre (sim, me refiro a vocês!), inspirar e suspirar aliviada agora que meu trabalho está pronto (mas... será mesmo que termina?). Mais uma vez, escrever um livro foi uma montanha-russa de emoções.

Provavelmente, tornar esta introdução simples e clara seria mais fácil para qualquer um, mas não tenho essa faceta comercial e o valor emocional que este livro tem é tão grande para mim, que, se não me controlo um pouco, as palavras continuarão surgindo e tropeçando umas nas outras.

Assim, tentarei frear um pouco o fluxo para que não se percam em um turbilhão de sentimentos misturados.

No meu livro anterior, já contei a vocês sobre meu início e como é minha vida em relação ao crochê, assim, vou me focar no nascimento deste ser (se não têm o volume anterior, deveriam comprar imediatamente... No fim das contas, talvez eu tenha, sim, habilidades comerciais).

Para mim, escrever esses livros começa a partir de um impulso quase incontrolável de expandir meu mundo de personagens que desejam ser de fio e novelo, é a necessidade de fazer, tecer e compartilhar o que faço. Comecei este livro que vocês estão lendo enquanto gestava outro ser, estava grávida de quatro meses da Luísa, minha terceira filha humana (que, enquanto escrevo estas palavras, está prestes a completar dois anos). Não pretendo romantizar a situação nem esconder o estresse, as dores de cabeça, a falta de sono que me acompanharam naqueles meses... Eu sei que tudo isso está relacionado às delicias de ser mãe, mas também pesaram muito no meu ânimo (e tempo) em tecer e escrever. No entanto, e para minha surpresa, fui aprendendo aos trancos e barrancos que, às vezes, se sentir um pouco atolada e frustrada pode servir de grande impulso, com uma energia que brota de nosso interior enquanto repetimos, como mantra, "Eu vou conseguir... eu consigo". E assim aprendemos, paramos, voltamos a tentar e nos encorajamos a progredir tanto no crochê quanto na vida.

Em um livro de Tina Fey – comediante norte-americana, escritora, produtora e muitas outras coisas – há um capítulo que fala sobre seus altos níveis de estresse enquanto era a primeira mulher a trabalhar como produtora no icônico programa de comédia Saturday Night Live. Em cada página, descreve suas intermináveis horas de trabalho, sua falta de sono, sua ansiedade e a necessidade de satisfazer primeiro as expectativas dos outros e então as próprias. Depois, nos apresenta um diagrama em que compara seus níveis de estresse com os níveis de trabalhadores de minas, médicos e, inclusive, funcionários de restaurantes de fast-food em uma sexta-feira à noite. Creio que não é necessário dizer que ela gargalhava ao ver quão ridículos eram suas queixas e seu estresse em comparação ao que sentiam essas outras pessoas. Porém, mesmo sabendo que existem muitos outros trabalhos mais estressantes, ela acredita que se queixar, de vez em quando, é saudável e que o fato de que outras tarefas sofram mais pressão não impede que nos sintamos sobrecarregados pelas nossas. Com frequência, em diversas ocasiões, sinto o mesmo.

Todos estamos tentando dar o nosso melhor, especialmente quando temos de fazer malabarismos para lidar com a criação dos filhos, que requerem de nós atenção e colocam à prova os limites de tudo o que os rodeia (incluindo nós mesmos). Assim, esta introdução, o livro inteiro, é também uma singela homenagem, uma forma de reconhecer, a todas e todos que trabalham duro todos os dias, longe das redes sociais: saibam que estão fazendo um excelente trabalho, que todo esforço para se manter em pé, para seguir adiante, é incrível, mesmo que não se mostre ou se compartilhe com o mundo inteiro.

De fora, nesse primeiro plano virtual, meu trabalho pode parecer muito romântico, e devo confessar que vivo lutando contra esse conceito, porque, na realidade, é um trabalho como qualquer outro, com dias bons e dias que prefiro esquecer. Nas redes sociais, nos deparamos com centenas de imagens idílicas, mãos com manicure irrepreensível que sustentam graciosamente uma agulha de crochê, enquanto uma perfeita xícara de café fumegante emoldura a cena. Vemos os fios mais lindos, os animais de estimação posando para a foto e uma luz quase sublime dá, à cena, o filtro perfeito. Não vemos as dores nas costas depois de um longo dia fotografando, as mãos rachadas ou o esgotamento acumulado ao tentar que os dois filhos se mantenham entretidos enquanto cumprimos a longa lista de tarefas pendentes. Nenhuma dessas coisas aparecem na imagem, mas sempre estão lá, exatamente onde ninguém vê ou onde ninguém quer ver.

Porém, sou uma mulher de sorte, não posso me queixar. Bom, sim, sempre posso me queixar. Nasci na Argentina, portanto está no meu sangue me expressar sem rodeios (de fato, reclamar poderia ser nosso esporte nacional).

No entanto, agora e com certa distância, me lembro do diagrama do livro que mencionei e as mensagens de carinho e apoio de todas as pessoas que tecem meus personagens, me mostram com orgulho seus trabalhos e compartilham suas conquistas e suas alegrias, permitindo que eu faça parte de suas vidas como uma mãe/professora orgulhosa de seus trabalhos. E simplesmente não posso me queixar. Só posso ser grata.

Grata a tudo que esse trabalho tem me dado e quão bom tem sido comigo. Permite que eu me expresse de maneira criativa, me permite conhecer gente maravilhosa no mundo todo e me permite sustentar a minha família, enquanto desenho e teço minhas criações peculiares.

Grata à oportunidade de estar escrevendo estas palavras, por ter uma família que me apoia e que não se importa (muito) com a enorme quantidade de fios e bonecos sem terminar que ocupam cada canto da casa.

Grata por ser parte deste enorme grupo de pessoas, artesãs e artesãos que se apoiam mutuamente, celebram e se deleitam nas conquistas de cada um e do outro.

Grata pelas pessoas que, antes de tirar suas dúvidas comigo sobre determinado padrão ou técnica, me perguntam como estou, me dão conselhos ou, inclusive, me oferecem ajuda para experimentar um novo padrão ou traduzir algum.

Grata à minha grande família estendida que, junto com a família que vive sob meu teto, me encoraja diariamente a seguir adiante com esse trabalho incrível de inventar personagens que vocês recebem de braços abertos e com tanto carinho.

Assim, sem mais e fazendo um grande esforço para não continuar falando, deixo vocês com este meu terceiro livro. Agora, nada me dá tanta alegria quanto saber que ele chegou nas mãos de vocês.

E como meu lado nerd (nem tanto) interior nunca se cansa: espero que este livro seja digno de um sucessor, meu "Império Contra-Ataca" (em vez de meu "Ataque dos Clones").

Divirtam-se!

Ao crochetar meus padrões
Como nos meus livros anteriores, planejei este livro como uma jornada de aprendizado, adicionando um pouco de desafio em cada personagem para que você se sinta confortável para crochetar qualquer coisa que desejar até chegar ao fim do livro.

Vou mostrar a você minha maneira de fazer bonecos, meus truques... e alguns hábitos questionáveis que adquiri: seguro a agulha como uma faca (que fica bem feio nas fotos), faço alguns pontos de maneira não convencional (o famoso ponto baixo em X), prefiro costurar o focinho antes de encher o corpo do boneco e não gosto da diminuição invisível. Mas essa sou eu. Você pode sempre buscar outras maneiras – ou até melhores – de alcançar os mesmos resultados.

Se você sabe tudo sobre crochetar amigurumis, ou está se sentindo seguro, pode começar com qualquer personagem. Mas, se você é iniciante ou não chegou a esse nível de confiança ainda, recomendo muito a crochetar os bonecos na ordem sugerida. Em cada padrão aprenderá algo novo, algo extra que fará você começar o próximo com um arsenal de ferramentas necessário para a nova técnica sem se sentir (tão) frustrado. Essa é a minha maneira de ajudá-lo a seguir de forma leve nessa jornada pelo crochê. Lembre-se sempre de que ser paciente e prestar atenção no que faz é tão (ou até mais) importante que as ferramentas e os materiais usados.

Devo também avisar-lhe: os animais finalizados são bem grandes. Uso um fio mais grosso e prefiro fazer criaturas grandes o suficiente para que você possa ver os detalhes. Usei menos de 100 gramas de cada cor principal e pequenas quantidades das cores secundárias. Não se sinta amarrado às minhas escolhas. Usei fio de peso médio (worsted) de algodão para quase todos os personagens, mas qualquer peso de algodão, acrílico ou lã poderá ser usado como substituto (só não se esqueça de usar a agulha de crochê correspondente).

Cada padrão pode ser usado como início de outro. Brinque com eles, modifique-os como quiser e adapte-os para que atendam sua necessidade. E o mais importante de tudo: divirta-se. Há muitas coisas estressantes na vida e, mesmo que você encontre alguns desafios no caminho (temos nossos inúmeros erros em crochê), não se esqueça de se divertir e aproveitar a alquimia dos fios e agulhas produzindo criaturas abraçáveis.

FERRAMENTAS E MATERIAIS

Qualquer crocheteiro com experiência tem seus materiais e ferramentas favoritos, além de uma opinião bem formada sobre as melhores técnicas e o que se deve evitar. Claro que, como em qualquer outro aspecto da vida, as pessoas nem sempre concordam entre si. Apesar de cada um ter seu próprio gosto e ponto de vista, todos entendemos que uma das melhores coisas sobre o crochê é que, com ferramentas básicas e um fio somente, você pode criar praticamente qualquer coisa. A única coisa que se deve saber é que agulhas e fios de melhor qualidade podem lhe salvar horas de frustração. Sempre que possível, escolha qualidade em vez de quantidade. Agulhas costumam, sim, se perder, então tenha sempre ferramentas extras, especialmente as que você ama usar.

AGULHA DE CROCHÊ

Nota: Não testei todas as agulhas disponíveis no mercado e é impossível eu estimar exatamente qual tipo de agulha será melhor para você. É uma questão de escolha pessoal, que você deve testar e descobrir. Mas não vou deixá-lo no escuro e contarei o que aprendi nesses 11 anos crochetando bonecos.

Você pode ter notado que, além de tamanhos diferentes, agulhas de crochê também são de materiais diferentes. A escolha por um material depende de suas preferências. Entretanto, se planeja usar um fio de algodão, recomendo trabalhar com agulhas de **aço inoxidável** ou **alumínio**. Agulhas de alumínio são uma ótima escolha pois escorregam bem pelos pontos, além de leves e com grande gama de tamanhos. As agulhas mais finas de alumínio (menores que 4 mm) podem entortar se você as pressionar com força, o que acontece quando crochetamos pontos muito apertados. Para evitar isso, escolha as agulhas com cabo de silicone, plástico, madeira ou bambu ou busque uma agulha de aço inoxidável (a minha favorita, uma vez que sou meio bruta com elas).

Agulhas de **madeira** ou **bambu** são maravilhosas, e algumas marcas têm um acabamento incrível, mas só as recomendo se for trabalhar com fios mais grossos ou peças com pontos mais abertos. O mesmo serve para agulhas de **plástico** ou **acrílico**, que geralmente são usadas com materiais mais grossos, como fio de malha. Nunca testei esses materiais pois parecem menos resistentes.

Além do material da agulha, é aconselhável ficar atento à sua anatomia. Quanto à **ponta**: prefiro pontas arredondadas e tênues para que não abram o fio e para que deslizem pelos pontos com facilidade.

Também tome cuidado com o **pescoço** da agulha de crochê. É essa parte que engancha o fio e permite você puxar por dentro dos pontos e das laçadas.
É preciso uma agulha com uma garganta longa o suficiente para segurar o fio que está trabalhando, porém estreita o suficiente para evitar que a laçada anterior caia da agulha. Isso é muito importante quando se faz bonecos, já que você vai usar uma agulha de crochê dois ou três tamanhos menor que a recomendada pelo fio.

Outra coisa para lembrar é o **cabo**. Posso afirmar sem sombra de dúvida que essa é a decisão mais pessoal de todas. No meu caso, como seguro a agulha como uma faca (veja p. 18), prefiro usar agulhas de crochê sem cabos grandes. Mas, se você segura a agulha como um lápis, provavelmente vai preferir aquelas mais ergonômicas ou de cabo de borracha.

Agulhas de crochê são como canetas: podemos crochetar com qualquer agulha até descobrir aquela que muda nossa vida. Sim, é um pouco dramático, mas é a verdade. E se ela não muda a sua vida, vai definitivamente mudar a maneira como você faz crochê, especialmente se faz o dia todo.

CABEÇA
EIXO
EMPUNHADURA
CABO
PONTA
PESCOÇO

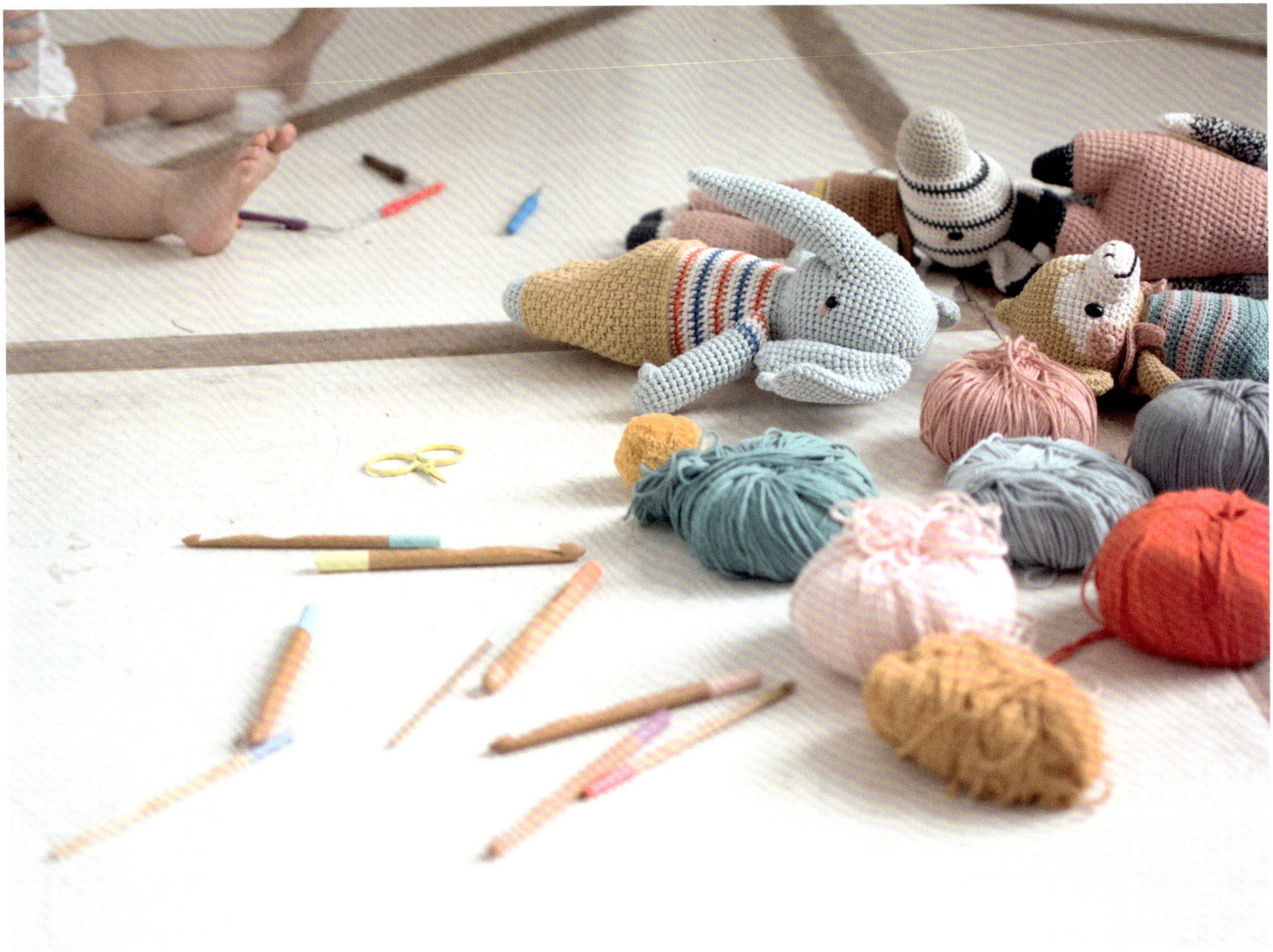

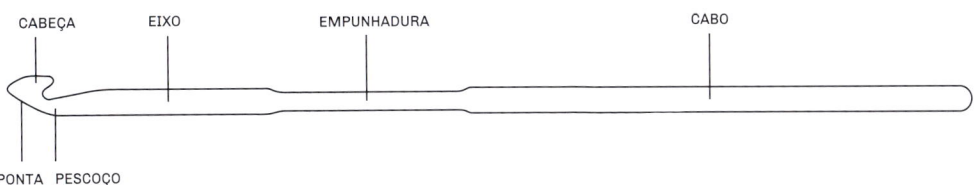

Tamanhos / numeração

Um guia básico para escolher o tamanho da agulha é: fio mais grosso pede agulha mais grossa que faz pontos maiores. Se o seu ponto estiver frouxo, use uma agulha menor para apertar mais; e se seu ponto estiver apertado, use uma agulha maior para deixar o ponto mais frouxo. O tamanho da agulha deve ser o que for mais confortável e que obtém o resultado desejado. É mais fácil mudar o tamanho da agulha do que a tensão do seu ponto, já que todo mundo possui uma tensão "natural".

Tamanhos de agulhas são categorizadas por diferentes sistemas de medida, conforme cada país, com uso de números, letras ou uma combinação dos dois. Na tabela abaixo encontram-se os três sistemas mais comuns: o sistema métrico, o sistema inglês e o sistema americano. Neste livro eu uso o sistema métrico de medida.

Conversão de agulhas de crochê

MÉTRICO	INGLÊS	AMERICANO
2 mm	14	-
2,25 mm	13	B-1
2,5 mm	12	-
2,75 mm	-	C-2
3 mm	11	-
3,25 mm	10	D-3
3,5 mm	9	E-4
3,75 mm	-	F-5
4 mm	8	G-6
4.5 mm	7	7
5 mm	6	H-8
5,5 mm	5	I-9
6 mm	4	J-10
6.5 mm	3	K-10,5
7 mm	2	-
8 mm	0	L-11
9 mm	00	M-13
10 mm	000	N-15

FIOS

Podemos usar praticamente qualquer tipo de material que funciona como fio: lã, algodão, corda, fita, tecido, couro, arame e até mesmo sacola de plástico ou papel. Cada tipo de fio tem seus prós e contras. Permita-se experimentar diferentes materiais; é a melhor maneira de descobrir e encontrar o que mais gosta e o mais adequado para seu projeto.
Busque sempre comprar fios de qualidade, agradáveis ao toque e confortáveis para crochetar.

Algodão
O algodão é a fibra mais utilizada no mundo para crochetar bonecos; na minha opinião, é o que dá o melhor resultado. É uma fibra natural à base de celulose. (Outras fibras de composição natural são linho, juta, raiom, bambu, cânhamo, etc.)
Além de ser um material hipoalergênico, o algodão é extremamente durável, fácil de lavar, macio e tem uma gama de cores para escolher. Esse fio praticamente não tem elasticidade, o que é desejável para fazer bonecos (assim eles mantêm sua forma). Porém, por causa dessa falta de elasticidade, a agulha não desliza facilmente e, às vezes, como o fio de algodão é feito de várias fibras, a agulha pode acabar desgastando o fio.
Você encontra fios de algodão de diversas maneiras: dos mais rústicos e opacos aos mercerizados, brilhantes e penteados (com fios processados de fibras longas, tornando-os mais duráveis e macios).

Lãs
Outro tipo de fibras naturais são as proteicas, que são provenientes de animais, como lã de ovelha, alpaca, angorá e mohair, e de secreção de insetos, como a seda. Esses fios são mais elásticos que as fibras vegetais, então é importante ter em mente que bonecos feitos com esse tipo de fio podem perder sua forma com o tempo. Iniciantes devem evitar fios muito peludos (como angorá e mohair), pois a textura felpuda esconde a estrutura do tecido, sendo mais difícil saber onde inserir a agulha.

Fibras sintéticas
Feitos de polímeros, os novelos sintéticos são geralmente fiados em um fio que lembra a textura e o toque das fibras animais. Apesar de serem mais baratas e deslizarem bem na agulha, algumas têm a tendência a formar bolinhas e criar estática. Mesmo assim, são um dos fios mais usados para fazer brinquedos pela grande gama de cores. Eu não sou muito fã de um acabamento brilhoso, mas, como tudo na vida, isso é questão de gosto.

Peso do fio
O peso do fio é a sua espessura, ou seja, a relação entre o peso e a quantidade de metros. Por exemplo, um fio superfino usado para fazer renda pode ter cerca de 800 metros em 100 gramas, enquanto um fio muito grosso, como esses usados para fazer colchas muito grossas, pode ter menos de 100 metros com o mesmo peso. Internacionalmente, a maioria dos manuais e fios manufaturados usam um padrão de termos para indicar o peso de um fio. O número de fios pode ser opcionalmente mostrado no rótulo, pois mais fios não significa que o novelo será mais pesado (um novelo de 8 fios bem torcido pode ter fio mais fino do que aquele de 6 fios torcido mais frouxo).

NÚMERO	NOME	TIPO DE FIOS NA CATEGORIA	FIOS	m/100 g	AGULHA RECOMENDADA (mm)
0	Renda	Fingering	1-2	600-800 ou mais	1,5 – 2,5
1	Superfino	Sock, Fingering, Baby	3-4	350-600	2,25 – 3,5
2	Fino	Sport, Baby	5	250-350	3,5 – 4,5
3	Leve	DK (double knitting), Light Worsted	8	200-250	4,5 – 5,5
4	Médio	Worsted, Afghan, Aran	10-12	120-200	5,5 – 6,5
5	Grosso	Chunky, Craft, Rug	12-16	100-130	6,5 – 9
6	Supergrosso	Super Bulky, Super Chunky, Roving		Menos de 100	9 e mais grossa
7	Maxi	Jumbo, Roving		Menos de 100	15 e mais grossa

Nota: *O peso do fio e a agulha devem estar sempre relacionados entre si. Mais importante, lembre-se sempre de que, ao fazer bonecos, você deve usar uma agulha dois ou três tamanhos menor do que a recomendada para crochetar uma peça (como mostra a tabela acima). Afinal, todos queremos uma trama densa que não vai ter enchimento saindo pelos pontos.*

OUTROS MATERIAIS E FERRAMENTAS ESSENCIAIS

Agulhas de costura e de tapeçaria são usadas para unir motivos, costurar e arrematar peças. Elas têm uma ponta arredondada para não abrir o fio ou o ponto. Também têm um olho grande que permite que fios mais grossos passem por ele.

Amo **tesouras** e tenho muitas delas de tamanhos e formatos diferentes. Escolha uma tesoura pequena, leve e bem pontuda.

Um **marcador de ponto**, como o nome sugere, é uma ferramenta usada para marcar os pontos. É encontrado de diversas formas e jeitos. Você também pode usar clipes, alfinetes ou grampos de cabelo para indicar a volta, a carreira ou localizar qualquer ponto do trabalho. Quando trabalhamos com voltas, sempre marque o primeiro (ou o último) ponto da carreira anterior.

Não uso muito **alfinetes**, mas eles são práticos quando precisa unir a cabeça ou os membros ao corpo do seu boneco. Tente usar alfinetes de cabeça de vidro ou de plástico: são fáceis de ver na trama do crochê e têm cabeças maiores, o que evita de se perderem no meio dos pontos.

Para **enchimento** sempre uso fibra de poliéster, a mesma usada para encher almofadas. É fácil de encontrar em qualquer loja de artesanato, não é cara, é lavável e hipoalergênica. Encher um bicho pode ser mais difícil do que parece: se encher muito pode abrir demais a trama e mostrar a fibra pelos pontos. Já pouco enchimento pode dar um aspecto triste à peça, como se o pobre bichinho estivesse definhando. Tente inserir fibra aos poucos até achar que ele está com boa aparência.

Existe uma grande variedade de elementos extras para decorar seus bonecos de crochê: olhos e nariz de plástico em diversas cores e tamanhos, botões, laços, fitas, etc. Para meus personagens, uso somente **olhos com trava de segurança**. Eles têm duas partes: a da frente com um pino reto ou de rosquear e uma trava que fica dentro do boneco. Se for preso corretamente, é praticamente impossível de remover. Certifique-se da posição dos olhos, se estão no local desejado, antes de fixá-los! Se você tem medo que uma criança persistente possa tirá-los, pode aplicar cola universal antes de colocá-los no boneco. Ou então bordar as feições faciais (principalmente se as crianças são menores de três anos).

TENSÃO PARA ROUPAS E ACESSÓRIOS: A AMOSTRA

A amostra é o número de pontos e carreiras por polegada/centímetro. É também conhecida como tensão. O tamanho do seu ponto pode variar dependendo do peso do seu fio, da fibra, da agulha e, claro, de sua tensão pessoal. Você pode ter tensões diferentes durante seu dia, dependendo do seu humor, ou o mesmo peso de fio pode criar efeitos diferentes para cada cor.
Para atingir o efeito desejado, deve-se usar o mesmo tipo de composição de fio e o tamanho da agulha da sua amostra e do seu projeto. Se você conseguir manter seu humor será um adicional (por favor, me mandem mensagens me explicando como fazer isso).

Quando estiver crochetando bonecos, não precisa saber a amostra, e sim usar a agulha certa para conseguir uma trama mais dura. Ao usar pesos diferentes de fio para fazer o mesmo boneco, fazer a amostra pode poupá-lo de uma grande frustração (ainda mais se você está fazendo roupas para seu personagem). Para fazer uma amostra, você crocheta um pedaço pequeno, por volta de um quadrado de 10 x 10 cm. Não precisamos ser tão precisos como quando estamos fazendo roupas para pessoas (ou animais de estimação); você pode fazer uma amostra menor e calcular o número de pontos e carreiras que precisa para chegar em 10 cm.

Os personagens deste livro foram feitos com o fio Pica Pau Combed Cotton (disponível no site picapauyan.com). Estas são as amostras que obtive usando o fio e a agulha indicados nesses padrões.

Pica Pau fio worsted 100% algodão penteado, 100 g/170 m por novelo
- 20 pontos e 22 carreiras para um quadrado de 10 x 10 cm em ponto baixo X em carreiras (trama plana), com agulha 2,75 mm
- 21 pontos e 22 voltas em um quadrado de 10 x 10 cm em ponto baixo X em voltas (trama tubular), com agulha 2,75 mm
- 18 pontos e 15 carreiras em um quadrado de 10 x 10 cm em ponto meio alto em carreiras, com agulha 2,75 mm.

Pica Pau fio fingering 100% algodão penteado, 50 g/220 m por novelo
- Usando 2 fios, 23 pontos e 24 carreiras em um quadrado de 10 x 10 cm em ponto baixo X em voltas (trama tubular), com agulha 2,75 mm
- Usando 1 fio, 25 pontos e 19 carreiras em um quadrado de 10 x 10 cm em ponto meio alto em carreiras (trama plana), com agulha 2,75 mm
- Usando 2 fios, 20 pontos e 15 carreiras em um quadrado de 10 x 10 cm em ponto meio alto em carreiras (trama plana), com agulha 2,75 mm
- Usando 2 fios, 19 pontos e 14 carreiras em um quadrado de 10 x 10 cm em ponto meio alto em carreiras (plano), com uma agulha 3,25 mm

INTRODUÇÃO AO CROCHÊ

COMO SEGURAR A AGULHA E O FIO (POSIÇÃO DA MÃO)

Segurar uma nova ferramenta pode ser um pouco complicado, mas em algumas horas de prática e com um pouco de paciência você vai conseguir. Se já sabe como crochetar e se sente confortável com a maneira como faz, siga assim. Se está aprendendo, tente o maior número possível de maneiras até encontrar a que mais faz sentido para você. Geralmente, seguramos a agulha com a mesma mão que escrevemos, mas não é uma regra. Não importa como você segura a agulha e o fio, o mais importante que você deve saber é que não há "melhor maneira" e definitivamente não há "maneira correta".

Pegada de lápis
Segure como você seguraria um lápis, agarrando a agulha entre o polegar e o dedo indicador, no meio da seção mais plana (a empunhadura).

Pegada de faca
Segure a agulha da mesma maneira que seguraria uma faca, agarrando entre seu polegar e o dedo indicador, deixando o final da agulha na palma da mão.

Como segurar o fio
A mão livre é usada para controlar o fio e segurar o trabalho. Há diversas maneiras de segurar o fio, e todo mundo tem sua maneira preferida. Só precisa lembrar de manter uma tensão firme enquanto crocheta. Segurar o fio é o pulo do gato: precisa praticar o controle do fio e fazer com que a sua tensão seja confortável e natural. Também é importante manter essa mão "em forma", pois é a única coisa que vai estressar. Tente se exercitar antes e depois de crochetar. Sei que isso parece quase impossível, mas, por favor, tente não crochetar por muitas horas seguidas!

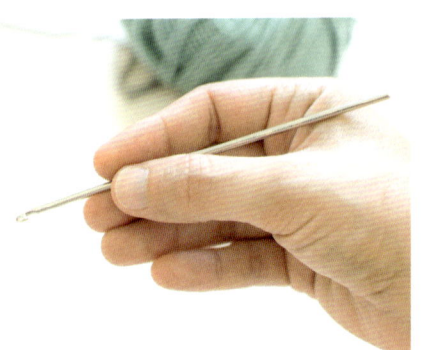  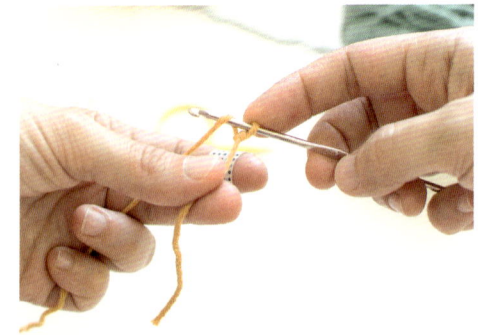

PONTOS

Os pontos de crochê são poucos, mas suas combinações são infinitas, só precisa dominar alguns padrões deste livro. Vou ensinar os pontos que aprendi ao longo dos anos e ainda uso. Sempre lembre-se de que você pode e deve adaptar as técnicas às suas necessidades e possibilidades.

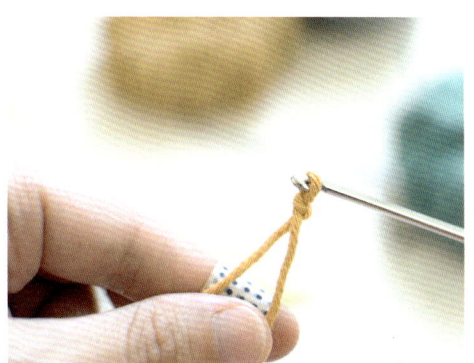

NÓ CORREDIÇO

O nó corrediço é a primeira laçada que você precisa fazer com sua agulha para começar a crochetar.
1. Faça um laço com a extremidade do fio. Insira a agulha dentro do laço, faça uma nova laçada e puxe.
2. Puxe o fio para ajustar o laço ao redor da agulha.

O nó corrediço não conta como um ponto.

Uma pequena confissão: quando comecei meus primeiros passos no crochê, não sabia sobre o nó corrediço, então eu fazia um nó comum na minha agulha... e ainda faço (mas não conte para ninguém).

PONTO CORRENTE (abreviação: corr)

Este ponto é a base para a maioria dos crochês: se você está trabalhando em carreiras, a primeira será uma corrente, conhecida como carreira de base. A corrente também é usada para unir motivos e como um ponto para mudar de carreira.
1. Segure o nó corrediço, dê uma laçada de trás para frente ao redor da agulha. Esse movimento é chamado de "laçada".
2. Puxe a agulha para que a laçada passe por dentro do nó corrediço.
3. Assim uma nova laçada se formou, este é seu primeiro ponto.

Repita os passos anteriores para formar o número necessário de pontos.

Nota: É importante segurar firme a extremidade do fio para evitar que ele gire no gancho toda vez que tentar fazer uma laçada.

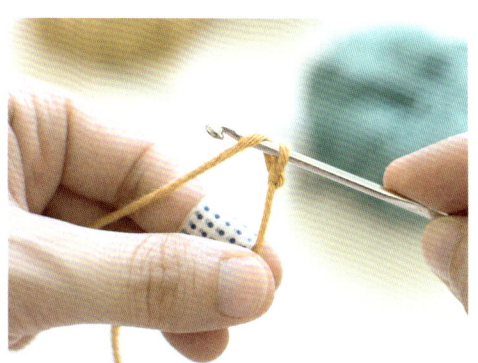 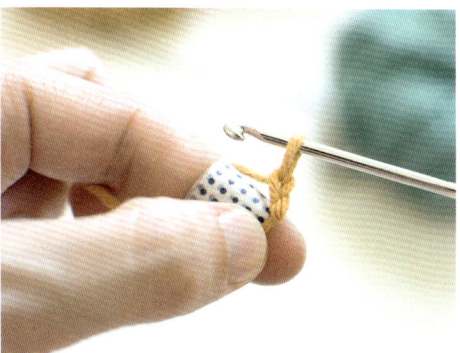 

Corrente de base
Essa é uma sequência de correntes para fazer uma trama plana trabalhada em carreiras. É o equivalente a colocar os pontos na agulha quando começa a tricotar.

Nota: : *Para ajudar a manter uniforme uma corrente de base, vá alternando sempre sua pegada para as correntes já crochetadas de maneira que sua mão fique segurando o trabalho perto de onde está a agulha.*

Corrente de subida
Quando crochetar em carreiras, estes são os pontos corrente que você tem que fazer para deixar a agulha na altura dos pontos que você está fazendo. Cada ponto tem um número correspondente de correntes:
– uma carreira de ponto baixo: 1 corrente de subida
– uma carreira de ponto meio alto: 2 correntes de subida
– uma carreira de ponto alto: 3 correntes de subida

Nota: Quando contar os pontos, não conte o nó corrediço ou a laçada na agulha (essa é a laçada do ponto que você estará trabalhando). A maneira mais fácil de contar pontos é olhar os pontos superiores. Lembre-se de contar seus pontos de vez em quando para ter certeza que você continua com o número exato do padrão.

ONDE INSERIR A AGULHA (LOCALIZAÇÃO DOS PONTOS)

Com exceção das correntes, para todos os pontos crochetados a agulha precisa ser inserida em pontos existentes. A ponta da agulha deve estar virada para baixo ou levemente de lado para que o gancho não estrague o fio ou o tecido. Quando trabalhar os pontos, pode inserir o gancho em três lugares diferentes: na laçada de trás, na laçada da frente ou em ambas as laçadas.
– **Ambas as laçadas**: insira a agulha em ambas as laçadas dos pontos da carreira ou da volta anterior. Essa é a maneira mais comum de crochetar e o melhor método quando outro não é especificado.
– **Laçada da frente (abreviação: laç frente)**: insira a agulha na laçada mais próxima de você.
– **Laçada de trás (abreviação: laç atrás)**: insira a agulha na laçada mais longe de você. Isso deixa a laçada da frente como uma linha horizontal. É usado para melhorar a estética do trabalho ou para recolocar o fio.

PONTO BAIXÍSSIMO (abreviação: pbx)

Este ponto não tem altura e raramente é usado sozinho para fazer uma trama em crochê. É um ponto mais usado para emendar trabalhos circulares, finalizar uma peça ou andar com seu crochê de um ponto a outro.

1. Insira a agulha na laçada de trás do próximo ponto (na corrente de base: insira na segunda corrente da agulha).
2. Dê uma laçada na agulha e puxe-a pelas duas laçadas de uma vez. Você completou um ponto baixíssimo.

Nota: Quando trabalhar pontos baixíssimos na última carreira ou volta para finalizar ou enfeitar uma peça, tente trabalhar com os pontos um pouco mais frouxos para evitar enrugar a trama.

Unir uma corrente com ponto baixíssimo (carreira de base tubular)

1. Inserir a agulha na primeira corrente. Certifique-se de que a corrente não está torcida.
2. Dê uma laçada e puxe-a pelas duas laçadas da agulha de uma vez.

PONTO BAIXO (abreviação: pb)

O ponto baixo é "O" ponto para trabalhar bonecos em crochê por ser o que deixa a trama mais fechada. Ele é bom não somente para manter a forma do boneco, mas também para não deixar o enchimento sair por entre os pontos (desde que não encha demais).

Em carreiras (trama plana)

Comece com uma corrente de base.
1. Insira a agulha na segunda corrente a partir da agulha. Dê uma laçada na agulha.
2. Puxe a laçada pela alça da corrente. Agora você tem duas laçadas na agulha. Dê mais uma laçada na agulha.
3. Puxe a agulha para puxar o fio pelas duas laçadas de uma vez. Uma laçada se mantém na agulha; assim completou um ponto baixo.
4. Insira a agulha no próximo ponto e continue crochetando em todos os pontos da corrente.
5. No final da carreira, faça uma corrente para mudar de carreira e vire horizontalmente seu trabalho para iniciar a próxima carreira. Faça um ponto baixo no próximo ponto (sem contar a corrente para mudar de carreira), insira a agulha pelas duas laçadas do ponto da carreira anterior. Continue crochetando até o final da carreira e repita.

Nota: Quando crochetar em carreiras, não importa se você faz uma corrente e vira o trabalho ou se você vira e faz uma corrente, o importante é se manter consistente na maneira como você vira seu trabalho.

Em espiral (trama tubular)

Comece com uma corrente de base. Certifique-se de que a corrente não está torcida e coloque a agulha na primeira corrente. Feche o tubo com um ponto baixíssimo na primeira corrente.

1. Continue crochetando um ponto baixo em cada corrente até chegar no início. Trabalhe um ponto baixo no primeiro ponto baixo que você fez (não feche a volta com um ponto baixíssimo). Agora que o marcador se faz útil: coloque um marcador no ponto baixo que você acabou de fazer.
2. Continue trabalhando em ponto baixo até chegar no marcador. Retire-o e trabalhe um ponto baixo neste ponto. Recoloque o marcador neste ponto que acabou de fazer.

Yarn over: laçada sobre a agulha

Yarn under: laçada debaixo da agulha

Diferença entre ponto baixo em V e em X

Se você tem experiência em crochê você deve ter notado que meus pontos têm uma aparência um pouco diferente do que estamos acostumados. Em vez de enrolar o fio sobre a agulha de crochê, eu enrolo sob ela, ou seja, eu faço uma laçada por baixo. Ao fazer isso, meu ponto baixo fica com aspecto de X em vez do normal, que é aspecto em V.

Além da aparência diferente, existem outras diferenças que você deverá saber:

- **Tamanho:** o ponto baixo em X é mais apertado, logo o resultado do seu trabalho será menor. O inverso se aplica ao ponto em V, onde a trama fica mais fluída/elástica e logo seu boneco será mais macio. Por exemplo, se eu faço um círculo de 60 pontos em ponto baixo em X, meu círculo terá em torno de 8,5 cm de diâmetro. Se faço o mesmo círculo em ponto baixo em V, o diâmetro fica em torno de 10 cm.
- **Como os pontos ficam do avesso:** os pontos baixos em V se movem um pouco a cada volta, portanto seu trabalho só tem um lado certo. Já ponto baixo em X não é tanto assim, dando melhor resultado no fim.
- **Como as listras do padrão ficam:** ponto baixo em X parece um ponto meio alto quando se trabalha listras em cores diferentes.

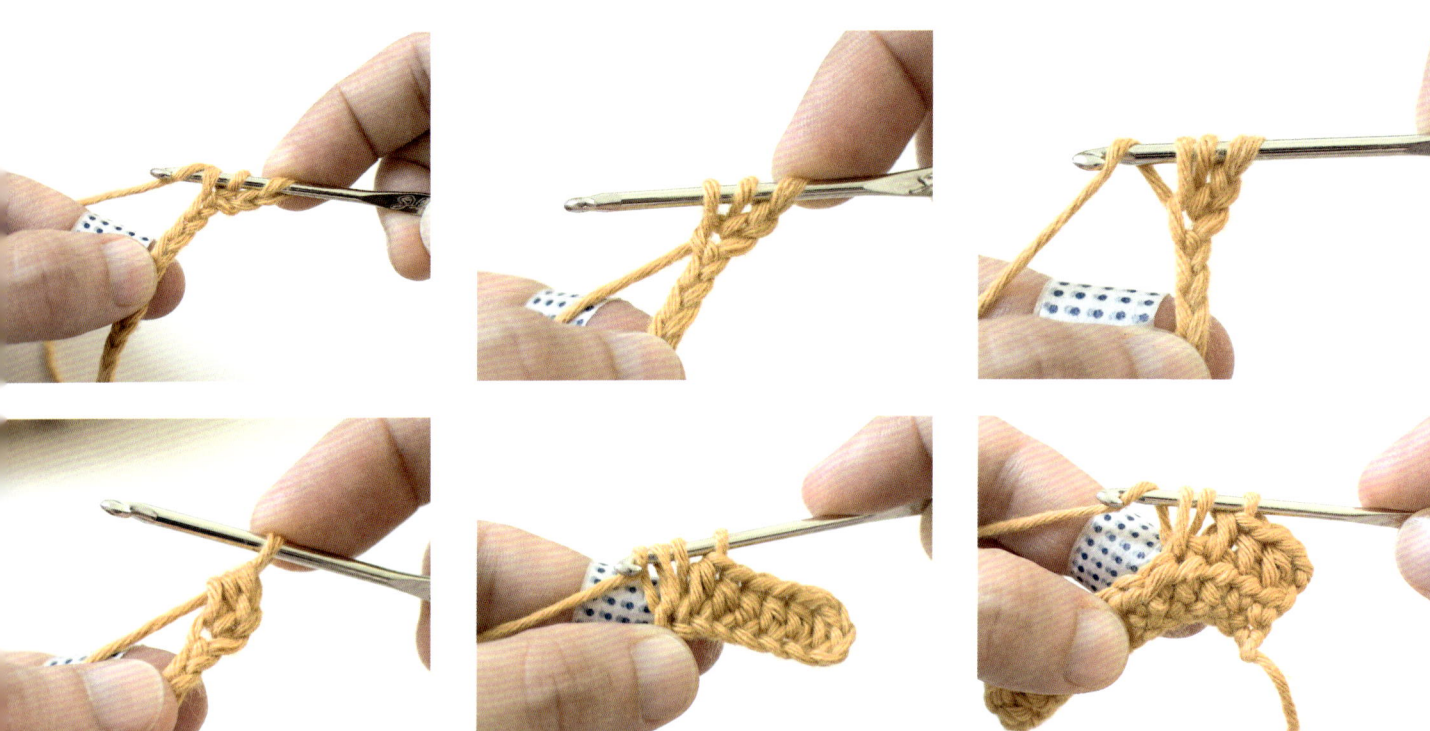

PONTO MEIO ALTO (abreviação: pma)

Como o nome indica, este ponto é entre o ponto baixo e o ponto alto em altura. Sendo um ponto mais largo, o tecido feito com ponto meio alto é mais fluído e excelente para fazer roupas de bonecos.

Em carreiras (trama plana)

Comece com uma corrente de base. Os dois primeiros pontos dessa carreira de base são considerados os pontos de mudança de carreira da primeira carreira.

1. Dê uma laçada. Insira a agulha na terceira corrente a partir da agulha e dê outra laçada.
2. Puxe a laçada pela corrente somente. Você tem três laçadas na agulha.
3. Dê mais uma laçada e passe por todas as laçadas na agulha.
4. Você completou o primeiro ponto meio alto.
5. Continue trabalhando em todos os pontos da corrente.
6. Ao final da carreira, faça duas correntes para mudar de carreira e vire o trabalho horizontalmente para iniciar a próxima carreira. Faça um ponto meio alto no terceiro ponto a partir da agulha, inserindo a agulha sob as duas laçadas do ponto da carreira anterior. Repita até chegar ao fim da carreira.

Nota: Geralmente trabalho entre os pontos quando trabalho meio ponto alto ou ponto alto em voltas. Faz um efeito mais aberto e mais elástico. Para isso, insira a agulha entre os pontos e não na corrente de cada ponto. Certifique-se de contar os pontos no final de cada carreira..

PONTO ALTO (abreviação: pa)

Provavelmente o ponto mais conhecido para fazer roupas e mantas. Esse ponto é usado esporadicamente para fazer bonecos.

Em carreiras (trama plana)

Comece fazendo uma corrente de base. As três primeiras correntes são consideradas correntes de troca de carreira da primeira carreira.

1. Dê uma laçada. Insira a agulha na quarta corrente a partir da agulha e dê outra laçada. Puxe a laçada pela corrente somente. Você tem três laçadas na agulha.
2. Dê outra laçada e passe sob as duas laçadas da agulha.
3. Você tem duas laçadas na agulha agora. Dê mais uma laçada na agulha e passe pelas duas últimas laçadas.
4. Você completou um ponto alto.
5. Dê uma laçada e insira a agulha no próximo ponto. Continue crochetando em todos os pontos da corrente. No final de cada carreira, faça três correntes para mudar de carreira e vire o trabalho horizontalmente para iniciar a próxima carreira.
6. Faça um ponto alto no quarto ponto a partir da agulha, inserindo a agulha sob as duas laçadas do ponto da carreira de baixo. Repita até chegar no fim da carreira.

PONTO BOLHA

O ponto bolha é uma união de pontos altos trabalhados juntos em um ponto que são finalizados juntos deixando a última laçada do ponto alto temporariamente na agulha. Eu uso esse ponto em muitos bonecos para fazer pés e dedos.

1. Dê uma laçada. Insira a agulha no próximo ponto.
2. Dê outra laçada e passe pelo ponto. Você tem três laçadas na agulha agora.
3. Dê mais uma laçada e passe pelos dois primeiros pontos da agulha. Você fez metade do ponto alto e tem duas laçadas ainda na agulha.
4. No mesmo ponto, repita a operação acima mais quatro vezes. Você agora tem cinco pontos altos não finalizados esperando na agulha.
5. Dê uma laçada e passe pelas seis laçadas em espera na agulha de uma vez. Você completou um bolha.

PONTO MUSGO

Esse é meu ponto favorito para fazer mantas. Ele parece um pouco com tricô, é rápido e fácil de crochetar e ainda dá um efeito mais solto e fluído do ponto meio alto, tudo isso usando menos fio.

Em carreiras (trama plana)

Comece com uma carreira de base com um número par de correntes.
1. Faça um pb na quarta corrente a partir da agulha (1 corr, pular 1 corr, pb na próxima corr) e repita até o fim. O último ponto deverá ser um pb. 2 corr, virar.
2. Pb no espaço de 1 corr (1 corr, pb no espaço de 1 corr), repita até o fim. O último ponto deverá ser um pb no espaço de 3 corr do início da carr anterior. 2 corr, virar.
3. Pb no espaço de 1 corr (1 corr, pb no espaço de 1 corr), repita até o fim. O último ponto deverá ser um pb no espaço de 2 corr do início da carr anterior. 2 corr, virar.

Repetir a terceira carreira até chegar no tamanho desejado.

PONTO CESTARIA PONTUDO

Este ponto recebeu esse nome pelo aspecto de cesta de vime. Só uso este ponto em circular por não ficar com um bom aspecto em carreiras. Alterne um ponto baixo pontudo com um ponto baixo laç atrás para chegar ao aspecto desejado. Para este ponto, eu uso o ponto baixo em V para obter duas linhas verticais alinhadas.

Ponto baixo pontudo (pontudo)

Coloque sua agulha no próximo ponto da carreira debaixo (no mesmo lugar que o ponto foi trabalhado). Dê uma laçada e puxe a laçada na altura da carreira atual. Dê mais uma laçada e puxe pelas laçadas na agulha.

Em espiral (trama tubular)

Comece com uma corrente de base. Certifique-se de que sua corrente não está torcida e coloque a agulha no primeiro ponto. Feche o tubo com um ponto baixíssimo na primeira corrente. Continue crochetando um ponto baixo em cada corrente até chegar no início.
- **1-2** (Pb laç atrás no próximo ponto, pontudo no próximo ponto da carreira debaixo). Repita até o fim da carreira.
- **3-4** (Pontudo no próximo ponto da carreira debaixo, pb laç atrás no ponto seguinte). Repita até o fim da carreira.

Repita até chegar em um número de carreiras necessárias.

CANELADO EM PONTO BAIXO (RELEVO PARA FRENTE E PARA TRÁS)

Uso esse método para fazer canelados em chapéus e outras peças. Esta técnica é mais comum com ponto alto mas também funciona com ponto baixo. É feito alternando os pontos com um relevo pela frente e um relevo por trás. Você deveria ter pelo menos uma carreira ou volta de ponto baixo antes de começar a trabalhar esses pontos.

1-2 Insira a agulha de frente para trás ao redor do ponto baixo da carreira anterior. Dê uma laçada e puxe-a por detrás do ponto. Puxe um pouco mais de fio para que o ponto baixo fique igual aos outros. Dê outra laçada e passe pelas duas laçadas na agulha. Você completou seu primeiro ponto relevo para frente.

3-4 Insira a agulha de trás para frente ao redor do próximo ponto baixo. Dê uma laçada e passe pela frente do ponto. Puxe um pouco mais de fio para que o ponto baixo fique igual aos outros. Dê mais uma laçada e passe pelas laçadas na agulha. Você completou o primeiro ponto relevo para trás.

5-6 Repita os passos 1-4 até o final da carreira ou volta.

AUMENTOS E DIMINUIÇÕES

Aumentos e diminuições são usados para dar forma às roupas e objetos de crochê.

Aumento (abreviação: aum)

Aumentar no crochê acontece quando trabalham-se dois ou mais pontos onde normalmente teria somente um ponto.
1   Trabalhe um ponto no próximo ponto da carreira ou volta anterior.
2   Insira sua agulha no mesmo ponto e puxe uma laçada.
3   Trabalhe o segundo ponto.

Diminuição (abreviação: dim)

Diminuir no crochê acontece quando dois ou mais pontos são trabalhados juntos. Existem alguns métodos diferentes, mas para meu bonecos eu uso a "diminuição tradicional" pois foi o método que aprendi primeiro e que parece mais natural para mim. Hoje em dia é menos popular pois pode deixar um pequeno buraco se não ficar bem apertado.
1-2   Trabalhe dois pontos incompletos em dois pontos diferentes da carreira ou volta anterior.
3   Laçada.
4   Puxe uma laçada pelas três laçadas na agulha.

Nota: o truque para evitar é dar mais tensão a cada ponto que vai ser diminuído e ajustar bem o ponto seguinte à diminuição.

Trabalhando em espiral

Aumentar pontos de um ponto central é uma técnica usada para fazer peças redondas, como chapéus e mandalas. Quando se trabalha em voltas, geralmente se fecha cada carreira com ponto baixíssimo. Esta técnica, apesar de gerar círculos perfeitos, deixa uma marca contínua em cada carreira que é finalizada, como uma cicatriz, e não fica muito bonito em um boneco fofinho.

Para evitar essa marca o trabalho é feito em espiral, ou seja, sem fechar as carreiras. Quando feito em espirais contínuos, é altamente recomendado que se use um marcador. Essa ferramenta lhe mostra onde a nova carreira inicia e onde a anterior termina. Você pode escolher colocar o marcador no fim ou no início de cada carreira (seja consistente no que você escolhe). Depois de crochetar uma volta, você deve acabar antes do ponto marcado. Remarque no início ou no fim de cada volta para saber onde você está.

ANEL MÁGICO

Esta é, quase sem dúvida, a melhor maneira de começar a crochetar circular. O anel se inicia trabalhando um número necessário em uma laçada ajustável para depois ser puxado para ficar bem apertado até que os pontos estejam fechados em um anel.

Há várias técnicas para iniciar o anel mágico e todas parecem dar um pouco de medo. Pratique, pratique e não se preocupe se parecer impossível nas primeiras tentativas. Posso lhe garantir que uma vez que você termine seu primeiro boneco já terá dominado a técnica. E você vai amar.

1. Comece com o fio cruzado para formar um círculo, como se fosse começar um nó corrediço.
2-3. Segure o nó entre seu polegar e o dedo indicador, insira a agulha no meio do círculo e puxe uma laçada.
4. Siga segurando esse círculo com cuidado (essa parte é crucial!) e dê outra laçada. Puxe uma laçada pelo anel para fazer uma corrente. Esta corrente vai assegurar o anel.
5-6. Insira a agulha de novo dentro da laçada e embaixo do fio longo do rabo (parecem dois fios cruzados). Dê uma laçada e puxe-a.
7. Dê mais uma laçada e passe pelas duas laçadas da agulha. Você acabou de fazer o primeiro ponto baixo no anel mágico.
8. Faça o número de pontos baixos como manda a receita. Pegue o fio longo e puxe para deixar o centro do anel mágico bem apertado. Não tenha medo de puxar com força.
9. Você pode optar por fechar o círculo com um ponto baixíssimo, mas não é necessário. Essa é a única carreira em que eu geralmente fecho o círculo.

33

CROCHETANDO AO REDOR DE UMA CORRENTE DE BASE

Quando você quer começar uma peça oval em vez de uma peça circular, pode começar trabalhando ao redor de uma corrente de base. Esse método é tradicionalmente usado para fazer tapetes ou bolsas e, no caso de bonecos, usaremos essa técnica para fazer focinhos, orelhas e o corpo de alguns personagens.

1. Trabalhe uma corrente de base com o número de pontos requerido. Comece na segunda corrente a partir da agulha e faça um ponto baixo (às vezes, a receita pede um aumento). Continue crochetando pontos baixos em cada corrente.
2. Geralmente é feito um aumento no último ponto para que possamos virar o trabalho e trabalhar o outro lado da corrente.
3-4. Vire seu trabalho de cabeça para baixo e trabalhe o lado debaixo dos pontos. Note que somente uma laçada está disponível.
5. Continue crochetando em cada laçada. Seu último ponto baixo deverá ser ao lado do primeiro ponto feito. Também poderá ser um aumento (dependendo da receita).
6. Você poderá seguir trabalhando em espiral.

TROCAR CORES UNINDO A FIOS NOVOS

Use essa técnica quando quiser trocar de uma cor para outra ou unir um novo fio por ter acabado o fio que você estava usando.

1. Trabalhe a cor que está usando (ou fio) até que duas laçadas do último ponto estejam na agulha.
2. Use a nova cor (ou fio) para completar o ponto. Continue trabalhando com a nova cor (ou fio) como antes. Tente não cortar nenhum resto de fio que poderá ser necessário depois. Eu faço um nó nos dois fios para ter certeza de que o ponto ficará apertado.

Nota: Se você está trabalhando em listras de cores diferentes em carreiras, faça a troca de fios no último ponto da carreira anterior.

JACQUARD E TAPEÇARIA

Essas duas palavras engraçadas vieram do mundo têxtil, do tricô e do tear, mas as crocheteiras conseguiram adaptar essas técnicas para trocas de cores no crochê. Elas são usadas para criar motivos e padrões com duas ou mais cores, como desenhar com diferentes cores de fios. É comum trabalhar esses motivos seguindo um diagrama que mostra qual a cor para cada ponto. Usar um diagrama deixa mais fácil a contagem de pontos.

A diferença entre as duas técnicas é como os diferentes fios de cores são carregados pelo trabalho.

Quando trabalhando em **jacquard**, deixamos o fio que não usamos atrás do trabalho. Quando usamos novamente, o fio é carregado por trás (dentro) do trabalho para fazer a próxima troca de cores. Quando um padrão indica para que seja feita uma troca de cores, é muito importante lembrar que a troca deve sempre começar um ponto antes. Trabalhe o número de pontos indicados no padrão/diagrama. Levando em conta que a troca de cores sempre acontece um ponto antes, pegue um pedaço do fio que você quer usar e carregue atrás do lugar que você quer trocar de cor. Os pedaços de fio que ficam dentro do seu trabalho devem estar bem soltos para não franzir a peça.

Nota: *Quando trabalho um jacquard com trocas de cores que são bem espaçadas, gosto de cortar os pedaços de fio internos e amarrá-los. Por sinal, é recomendado caso a troca de cores cause um cruzamento de fios no seu trabalho entre as trocas não permitindo encher o boneco apropriadamente. Se você não quer cortar seu fio, também pode usar a técnica de puxar o fio de pontos em pontos.*

Para trabalhar a técnica **tapeçaria**, você carrega o fio junto dos pontos (bem em cima do V) enquanto continua a trabalhar com a outra cor. Isso significa que toda vez que um ponto é feito, vamos enrolar o(s) fio(s) da(s) outra(s) cor(es) de fio(s) que não estamos usando. Esta pequena diferença comparada à técnica de jacquard vai resultar em uma trama diferente, especialmente atrás (do lado avesso): vai resultar em um pedaço de trama que parece uma tapeçaria (por isso o nome!) e tem algumas grandes vantagens como não ter fios soltos. Logo, é ótimo para fazer roupas ou acessórios quando queremos um tecido com um aspecto bom dos dois lados. Entretanto, uma das desvantagens que eu vejo é que, a não ser que você carregue os fios por todo o trabalho, o local onde você trabalha usando essa técnica resulta em uma trama mais grossa e os fios da cor "escondida" podem ser vistos entre os pontos.

Nota: *Se você quer linhas retas verticais usando a técnica tapeçaria com ponto baixo, pode optar por fazer crochê pela laç frente ou laç atrás (veja p. 35).*

ARREMATE

Quando você terminar seu trabalho e quiser arrematar seu fio permanentemente, corte o fio e deixe aproximadamente 5 cm de fio antes de cortar. Puxe o fio pela laçada da agulha. Se você vai costurar esta parte, deverá deixar um pedaço mais longo, de ao menos 20 cm, dependendo do número de pontos que vai costurar. Se não vai costurar ou terminou a última volta de uma peça com enchimento, já pode esconder as pontas do fio.

Esconder o resto de fio em uma trama plana

Passe o resto do fio em uma agulha de tapeçaria. Do lado avesso do trabalho, passe a agulha por uma carreira ou por alguns pontos, enlaçando o resto do fio nas laçadas do início das carreiras. Você também pode passar o fio pelas laçadas laterais. Corte o resto do fio que restar.

Esconder o resto de fio em uma peça com enchimento

1-2 Termine as últimas carreiras de diminuições e arremate o fio, deixando um pedaço de 15 cm. Passe o resto do fio em uma agulha de tapeçaria e, de trás para frente, passe pela frente dos pontos da última carreira feita.

3 Puxe bem o fio para fechar o buraco. Passe o fio por mais um ou dois pontos para assegurar o fio longo. Corte os excessos de fios e esconda dentro da peça com a ajuda de uma agulha de crochê.

BORDADO

O bordado ainda é um assunto pendente para mim. Eu só sei – mais ou menos – como fazer alguns pontos de bordado que aprendi quando criança para fazer roupas de boneca a mão: o **ponto atrás**. Cria uma linha bem bonita de pontos.

1. Passe o fio pela agulha de tapeçaria. Insira a agulha por trás do seu trabalho e faça um ponto do tamanho do seu ponto baixo. Eu gosto de usar os espaços entre os pontos para inserir e passar a agulha de tapeçaria.
2. Continue, quantas vezes precisar, vindo do espaço seguinte e trazendo sua agulha de volta dentro do mesmo buraco no final do último ponto que você fez.

UNIR PARTES (COSTURA)

Eu sou uma das muitas crocheteiras que pagaria com prazer alguém para costurar as partes para mim. Mas, como não encontrei voluntários (ainda), precisamos praticar um método simples e satisfatório. Se você tem dúvidas sobre onde colocar as partes, pode alfinetá-las para ver o resultado e ajustar quando necessário. Se possível, use restos de fios de outras partes.

Unir partes abertas

Use essa técnica para costurar focinhos, bochechas, bicos, chifres, etc., em uma peça aberta e sem encher, como uma cabeça. Passe o fio pela agulha de tapeçaria e posicione a peça. Use alfinetes se precisar! Se você está costurando um focinho ou um bico no rosto, recomendo que posicione o lado oposto de onde seu marcador está por razões estéticas. Deste jeito sua troca de cores ficará do lado de trás do seu boneco. Faça o primeiro ponto, insira a agulha de trás para frente (dentro). Usando o ponto atrás, costure fazendo ponto atrás passando pelas duas laçadas de cada ponto da última carreira da peça a ser costurada. Vá de trás para frente e de frente para trás. Se a peça tem 30 pontos, você deverá fazer pelo menos 30 pontos atrás. Antes de chegar ao fim, lembre-se de encher a peça. Eu tento não encher toda a peça até o final para evitar o enchimento de se emaranhar nos pontos e na costura.

Unir uma peça aberta com uma fechada

Vou explicar como costurar uma peça aberta (com ou sem enchimento) em uma peça fechada e uma peça fechada sem terminar de fechar primeiro. Passe o fio pela agulha de tapeçaria. Coloque as peças umas sobre as outras e tente alinhar os pontos de uma peça com a outra, se possível. Insira a agulha por uma das laçadas da peça fechada (e com enchimento) – por exemplo, o corpo. Agora passe a agulha debaixo das duas laçadas do ponto da peça que será costurada. Costure toda a peça e arremate. Esconda o resto dos fios.

LEITURA DE PADRÃO

As receitas de crochê têm sua linguagem e, como todas as linguagens, têm suas peculiaridades. A terminologia de crochê não só difere em cada país, tem até suas variações dentro do mesmo país. A tabela abaixo é um pequeno guia para os termos mais usados no crochê e os seus símbolos. Neste livro, uso os termos brasileiros.

EUA	ESPANHA	AMÉRICA LATINA	BRASIL	SYMBOL
stitch (st)	punto (p/pt)	punto (p/pt)	ponto (pt)	
chain (ch)	cadeneta (c/cad)	cadeneta (c/cad)	corrente (corr)	◦
slip stitch (slst)	punto raso / enano (pr/pe)	punto enano / corrido / pasado (pe/pc/pp)	ponto baixíssimo (pbx)	•
single crochet (sc)	punto bajo (pb)	medio punto (mp)	ponto baixo (pb)	×
half double crochet (hdc)	punto alto medio (pm)	media vareta (mv/pmv)	ponto meio alto (pma)	T
double crochet (dc)	punto alto (pa)	vareta (v/pv)	ponto alto (pa)	╆
bobble stitch	punto piña	punto mota / piña	ponto bolha	⊕
increase (inc)	aumento (aum)	aumento (aum)	aumento (aum)	V
decrease (dec)	disminución (dism) hilera (h) / carrera	disminución (dism)	diminuição (dim)	Λ
row/round (Rnd)	vuelta / ronda (r)	hilera (h) / carrera vuelta / ronda (r)	carreira (carr) / volta (vlt)	
ring	anillo	anillo	anel	

PARÊNTESES E COLCHETES

Neste livro, uso parênteses (colchetes arredondados) para indicar as instruções que devem ser repetidas pela carreira ou pela volta o número de vezes necessário. O número dentro do colchete no final de cada linha mostra o número total de pontos que você deveria ter na carreira.
Por exemplo: **Vlt 3: (pb no próximo pt, aum no pt seguinte) repetir 6 vezes [18]**
"**Vlt 3**" indica em qual carreira/volta você está. As instruções dentro dos **parênteses** são os pontos que você deve trabalhar 6 vezes pela carreira. "**[18]**" é o número total de pontos que você deveria ter no final da volta.
Quando as direções para uma volta devem ser repetidas por várias carreiras, você vai ler "**Vlt 10-20**", que indica que você deve seguir as mesmas instruções da volta 10 até a volta 20 (incluindo estas voltas).

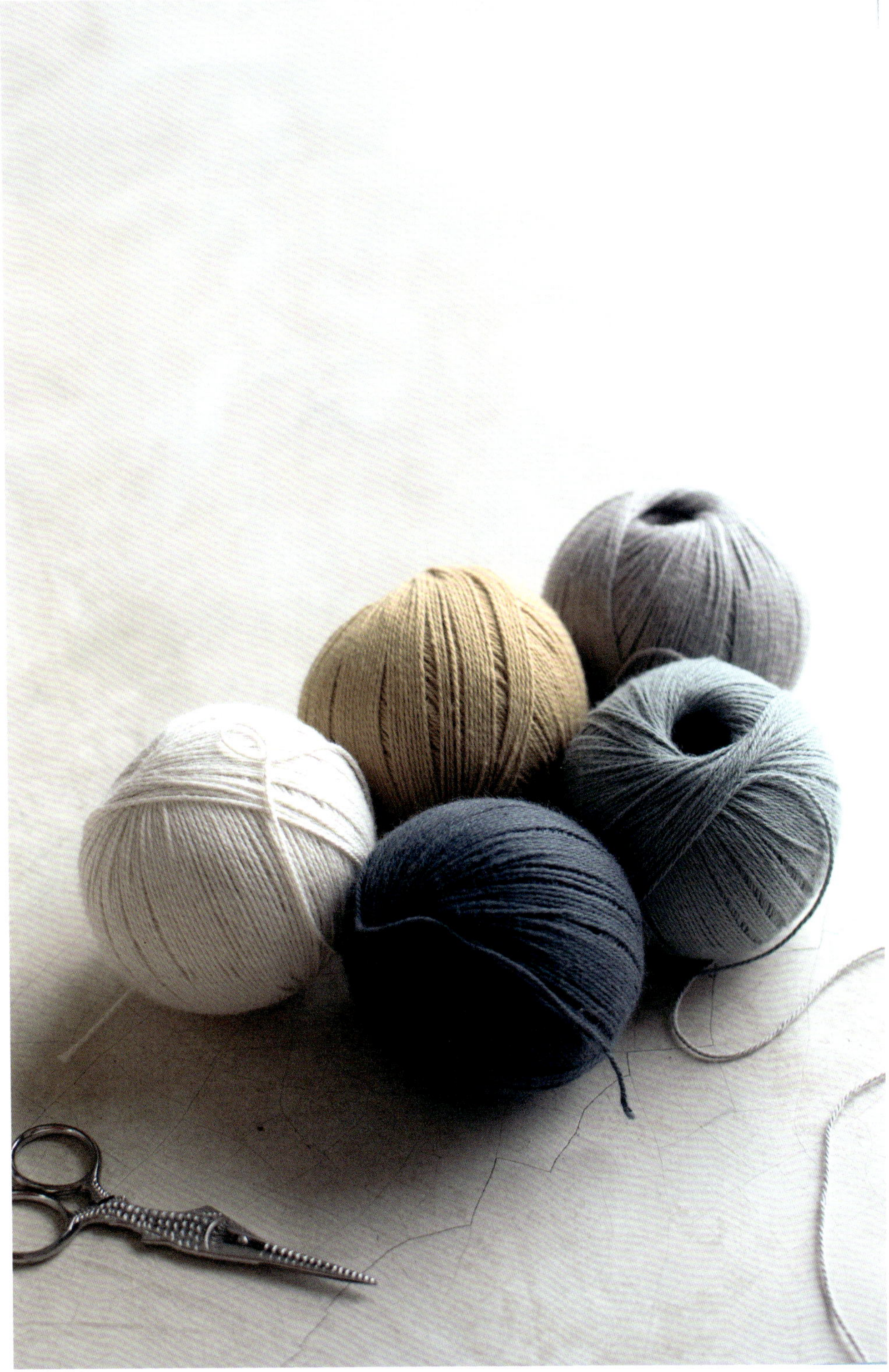

42

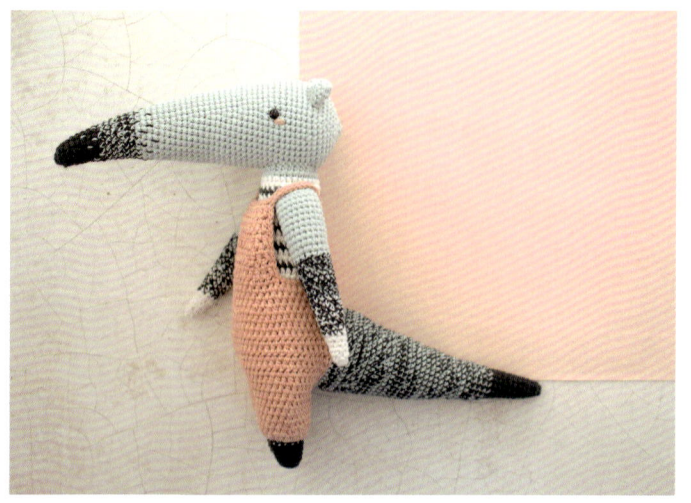

43

Logan Coala

Por crescer com uma irmã equidna e duas irmãs cangurus, um irmão vombate e três irmãos ornitorrincos, Logan sempre teve que batalhar mais para conseguir o que queria... E o que ele queria era surfar a onda dos seus irmãos e irmãs mais velhos. Com somente duas pranchas para toda a família, Logan aprendeu a ser paciente. Ele sabe que é sortudo por ser amado pela sua família e sempre terá alguém para abraçá-lo quando ele sente medo ou está entristecido. Logan está terminando seus estudos em engenharia ambiental, é a melhor maneira de retribuir o amor que ele recebeu e tomar conta dessa casa que lhe deu tudo.

NÍVEL DE HABILIDADE
*

Tamanho:
22 cm de altura se feito com o fio indicado

Material:
– Fio worsted em
  · cinza-claro
  · off-white
  · grafite
  · verde-azulado
  · verde
  · rosa pastel
  · preto
– Fio Sport (ou fingering) para misturar em
  · cinza-claro
  · off-white
– Agulha de crochê tamanho 2,75 mm
– Olho preto com trava (10 mm)
– Fibra acrílica

Habilidades necessárias:
trabalhar com 2 fios, anel mágico (p. 32), troca de cor no início da volta (p. 35), dividir o corpo em duas partes (p. 47), bordado (p. 38), unindo partes (p. 39), pompom

Nota: Todas as partes foram trabalhadas em fio worsted, exceto aquelas que foram trabalhadas em mistura de duas cores.

Nota: A cabeça e o corpo são trabalhados juntos em uma peça.

NARIZ

(comece com grafite)
Vlt 1: inicie com 6 pb em um anel mágico [6]
Vlt 2: aum em todos os pt [12]
Vlt 3: (pb no próximo pt, aum no pt seguinte) repetir 6 vezes [18]
Vlt 4-8: pb em todos os 18 pt [18]
Troque para uma mistura de cinza-claro e off-white. Arremate o fio grafite, deixando um pedaço longo de fio para a costura.
Vlt 9-13: pb em todos os 18 pt [18]
Bordar a boca com fio preto. Encher um pouco o nariz.
Vlt 14: (pb no próximo pt, dim) repetir 6 vezes [12]
Vlt 15: dim 6 vezes [6]
Arremate deixando um pedaço longo de fio. Utilize uma agulha de costura para esconder o fio passando pela laçada da frente dos pontos que restaram e puxe com força para fechar. Deixe um pedaço longo de fio para costurar.

CABEÇA E CORPO

(comece com cinza-claro)
Vlt 1: inicie com 6 pb em um anel mágico [6]
Vlt 2: aum em todos os pt [12]
Vlt 3: (pb no próximo pt, aum no pt seguinte) repetir 6 vezes [18]
Vlt 4: (pb nos próximos 2 pt, aum no pt seguinte) repetir 6 vezes [24]
Vlt 5: (pb nos próximos 3 pt, aum no pt seguinte) repetir 6 vezes [30]
Vlt 6: (pb nos próximos 4 pt, aum no pt seguinte) repetir 6 vezes [36]
Vlt 7: (pb nos próximos 5 pt, aum no pt seguinte) repetir 6 vezes [42]
Vlt 8: (pb nos próximos 6 pt, aum no pt seguinte) repetir 6 vezes [48]
Vlt 9: (pb nos próximos 7 pt, aum no pt seguinte) repetir 6 vezes [54]
Vlt 10: (pb nos próximos 8 pt, aum no pt seguinte) repetir 6 vezes [60]
Vlt 11-22: pb em todos os 60 pt [60]
Vlt 23: (pb nos próximos 3 pt, dim) repetir 12 vezes [48]
Vlt 24: (pb nos próximos 2 pt, dim) repetir 12 vezes [36]

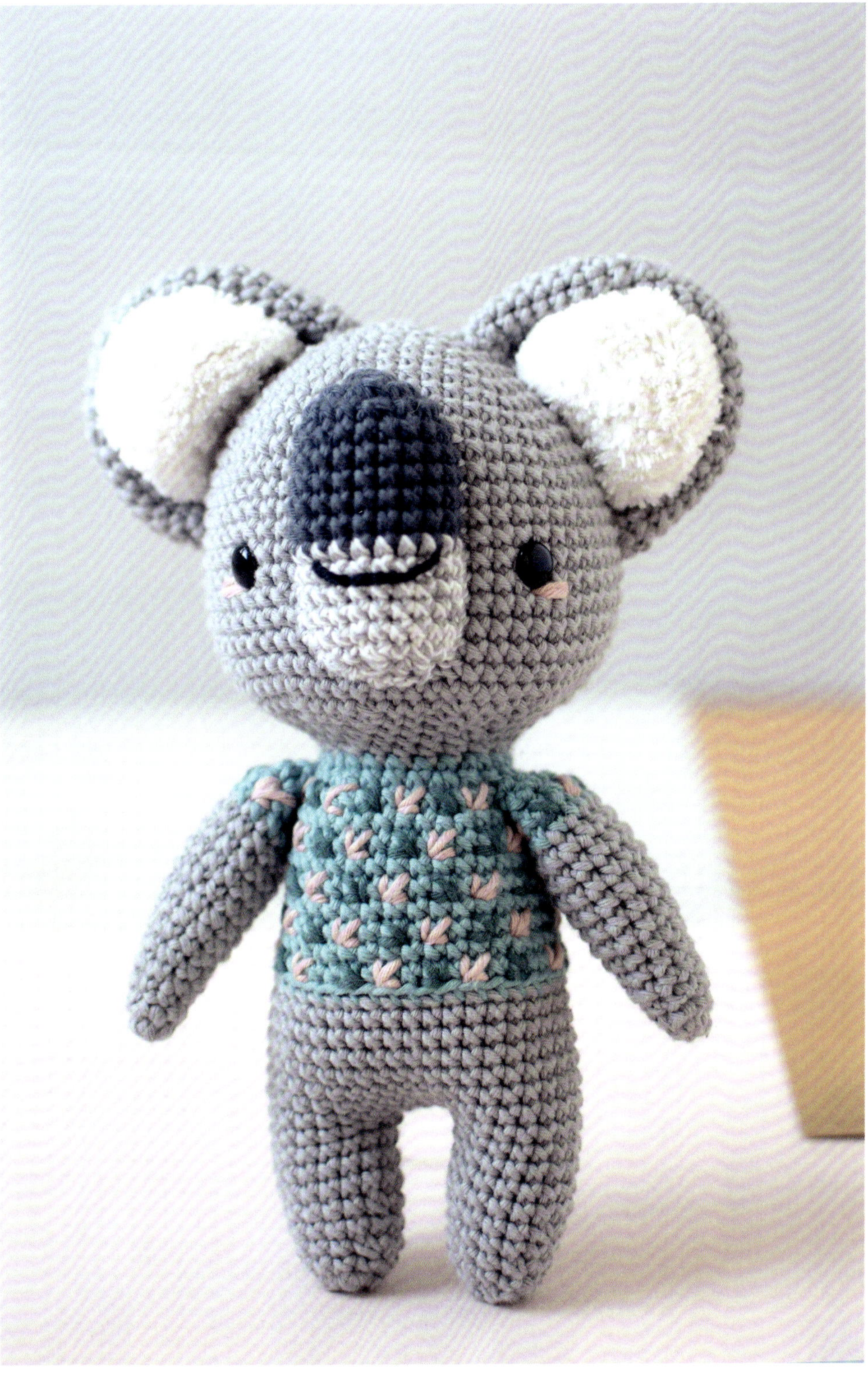

Costure o nariz entre as voltas 8 e 22. Insira o olho com trava entre as voltas 16 e 17, com 3 pontos de distância do nariz. Bordar as bochechas com rosa pastel.
Vlt 25: (pb nos próximos 4 pt, dim) repetir 6 vezes [30]
Vlt 26: (pb nos próximos 3 pt, dim) repetir 6 vezes [24]
Vlt 27: (pb nos próximos 4 pt, dim) repetir 4 vezes [20]
Encher bem a cabeça. Troque para o fio verde-azulado.
Vlt 28: (pb nos próximos 4 pt, aum no pt seguinte) repetir 4 vezes [24]
Vlt 29: (pb nos próximos 3 pt, aum no pt seguinte) repetir 6 vezes [30]
Vlt 30: (pb nos próximos 4 pt, aum no pt seguinte) repetir 6 vezes [36]
Vlt 31-36: pb em todos os 36 pt [36]
Vlt 37: (pb nos próximos 8 pt, aum no pt seguinte) repetir 4 vezes [40]
Vlt 38: pb em todos os 40 pt [40]
Bordar o motivo de folha na camiseta com verde e rosa pastel. Troque para o cinza-claro.
Vlt 39: pb laç atrás em todos os 40 pt [40]
Vlt 40-45: pb em todos os 40 pt [40]

PERNAS

Para fazer as pernas, divida o trabalho identificando 4 pontos centrais para o espaço central entre as pernas, 4 pontos centrais para as costas e 16 pontos para cada perna (você pode usar marcadores para lhe ajudar). Se as pernas não estão bem alinhadas com a cabeça, faça mais alguns pontos baixos no corpo ou desfaça alguns pontos. Una o último ponto para a perna da parte da frente com a parte das costas, trabalhando em ponto baixo (este ponto baixo será o primeiro da perna). Agora os pontos da primeira perna estão unidos. Continue trabalhando a primeira perna.
Vlt 46-49: pb em todos os 16 pt [16]
Vlt 50: (pb nos próximos 6 pt, dim) repetir 2 vezes [14]
Vlt 51: pb em todos os 14 pt [14]
Vlt 52: (pb nos próximos 5 pt, dim) repetir 2 vezes [12]
Vlt 53: pb em todos os 12 pt [12]
Encha bem o corpo e a perna.
Vlt 54: dim 6 vezes [6]
Arremate deixando um pedaço longo de fio para fechar os últimos 6 pt. Utilize uma agulha de costura para esconder o fio passando pela laçada da frente dos pontos que restaram e puxe com força para fechar. Esconda o resto do fio.

SEGUNDA PERNA
Una novamente o fio cinza-claro no quinto ponto não trabalhado na parte das costas da volta 45. Deixe um pedaço longo de fio. Aqui é onde começamos o primeiro ponto da perna.

Vlt 46: pb em todos os 16 pt. Quando chegar no 16º ponto da perna, pb no primeiro ponto para fechar o redondo [16]

Vlt 47-54: repetir o padrão da primeira perna. Encha mais se necessário. Usando uma agulha de tapeçaria, costure e feche os 4 pontos entre as pernas.

BRAÇOS

(faça 2, inicie com cinza-claro)
Vlt 1: inicie com 6 pb em um anel mágico [6]
Vlt 2: pb em todos os 6 pt [6]
Vlt 3: (pb no próximo pt, aum no pt seguinte) repetir 3 vezes [9]
Vlt 4-5: pb em todos os 9 pt [9]
Vlt 6: (pb nos próximos 2 pt, aum no pt seguinte) repetir 3 vezes [12]
Vlt 7-8: pb em todos os 12 pt [12]
Vlt 9: (pb nos próximos 3 pt, aum no pt seguinte) repetir 3 vezes [15]
Vlt 10-12: pb em todos os 15 pt [15]
Troque para verde-azulado.
Vlt 13: pb em todos os 15 pt [15]
Vlt 14: (pb nos próximos 3 pt, dim) repetir 3 vezes [12]
Vlt 15: (pb nos próximos 4 pt, dim) repetir 2 vezes [10]
Arremate deixando um pedaço longo de fio. Borde o padrão de folha com fio verde e rosa pastel. Encha com fibra acrílica. Costure os braços dos dois lados entre as voltas 29 e 30.

ORELHAS

(faça 2 em cinza-claro)
Vlt 1: inicie com 6 pb em um anel mágico [6]
Vlt 2: aum em todos os pt [12]
Vlt 3: (pb no próximo pt, aum no pt seguinte) repetir 6 vezes [18]
Vlt 4: (pb nos próximos 2 pt, aum no pt seguinte) repetir 6 vezes [24]
Vlt 5: (pb nos próximos 3 pt, aum no pt seguinte) repetir 6 vezes [30]
Vlt 6: (pb nos próximos 4 pt, aum no pt seguinte) repetir 6 vezes [36]
Vlt 7-12: pb em todos os 36 pt [36]
Arremate deixando um pedaço longo de fio para a costura. Não encha. Faça pompons de 5 cm com o fio off-white. Costure-os dentro de cada orelha. Costure as orelhas na cabeça.

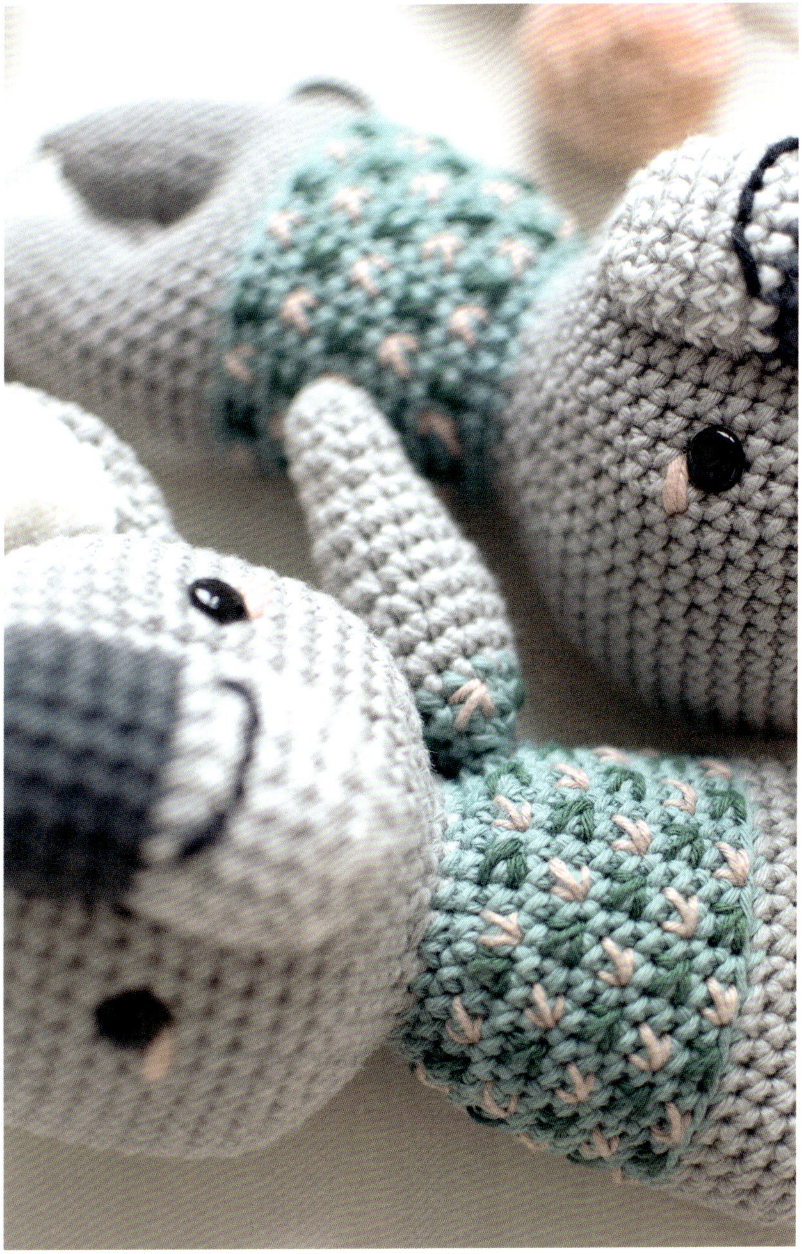

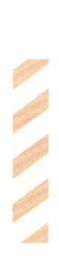

Darwin Tartaruga

Darwin nasceu há 60 anos na linda e famosa ilha de Galápagos. Sua família viveu há muitos anos e Darwin tem orgulho de dizer que seu tio era amigo pessoal de Charles Darwin e até embarcou no HMS Beagle por um tempo. Quando ele descobriu a origem do seu nome, Darwin decidiu estudar história natural, no seu próprio ritmo. Enquanto isso, ele aproveita seu trabalho como guia turístico nas ilhas, informando turistas sobre tudo que ele aprendeu nos seus cursos, anotando todas as coisas que ele aprende no caminho e, claro, contando para todo mundo sobre aquela época que seu tio conheceu o mesmíssimo Charles Darwin.

NÍVEL DE HABILIDADE
*

Tamanho:
24 cm de altura quando feito com o fio indicado

Materiais:
– Fio worsted em
 · verde-sálvia
 · off-white
 · azul França
 · grafite
 · azul-claro
 · rosa pastel
 · amarelo
 · preto
– Agulha de crochê tamanho 2,75 mm
– Olho preto com trava (10 mm)
– Fibra acrílica

Habilidades necessárias:
anel mágico (p. 32), trabalhando ao redor de uma corrente de base (p. 34), troca de cores no início da volta (p. 35), dividindo o corpo em duas partes (p. 47), bordado (p. 38), unindo partes (p. 39)

Nota: A cabeça e o corpo são trabalhados juntos em uma peça.

BOCHECHAS

(faça 2 em rosa pastel)
Vlt 1: inicie com 6 pb em um anel mágico [6]
Vlt 2: aum em todos os pt [12]
Ponto baixíssimo no próximo ponto. Arremate deixando um pedaço longo de fio para a costura.

CABEÇA E CORPO

(comece com verde-sálvia)
Vlt 1: inicie com 6 pb em um anel mágico [6]
Vlt 2: aum em todos os pt [12]
Vlt 3: (pb no próximo pt, aum no pt seguinte) repetir 6 vezes [18]
Vlt 4: (pb nos próximos 2 pt, aum no pt seguinte) repetir 6 vezes [24]
Vlt 5: (pb nos próximos 3 pt, aum no pt seguinte) repetir 6 vezes [30]
Vlt 6: (pb nos próximos 4 pt, aum no pt seguinte) repetir 6 vezes [36]
Vlt 7: (pb nos próximos 5 pt, aum no pt seguinte) repetir 6 vezes [42]
Vlt 8: (pb nos próximos 6 pt, aum no pt seguinte) repetir 6 vezes [48]
Vlt 9: (pb nos próximos 7 pt, aum no pt seguinte) repetir 6 vezes [54]
Vlt 10: (pb nos próximos 8 pt, aum no pt seguinte) repetir 6 vezes [60]
Vlt 11-20: pb em todos os 60 pt [60]
Vlt 21: (pb nos próximos 3 pt, dim) repetir 12 vezes [48]
Vlt 22: (pb nos próximos 2 pt, dim) repetir 12 vezes [36]
Vlt 23: (pb nos próximos 4 pt, dim) repetir 6 vezes [30]
Com fio preto, bordar a boca entre as voltas 16 e 17. Bordar duas linhas pequenas para o nariz na volta 14. Insira os olhos com trava entre as voltas 15 e 16, com um espaço de 13 pontos e 4 pontos longe da boca. Costure as bochechas atrás dos olhos, entre as voltas 16 e 19. Borde linhas pequenas em azul-claro nas voltas 9, 11 e 13.
Vlt 24: (pb nos próximos 3 pt, dim) repetir 6 vezes [24]
Vlt 25: (pb nos próximos 4 pt, dim) repetir 4 vezes [20]
Vlt 26: pb em todos os 20 pt [20]
Encha bem a cabeça com fibra acrílica. Continue com o padrão listrado, trocando de cor a cada volta, alternando entre branco e azul França.

51

Vlt 27: (pb no próximo pt,
aum no pt seguinte) repetir 10 vezes [30]
Vlt 28: pb em todos os 30 pt [30]
Vlt 29: (pb nos próximos 4 pt,
aum no pt seguinte) repetir 6 vezes [36]
Vlt 30-34: pb em cada um dos 36 pt [36]
Vlt 35: (pb nos próximos 8 pt,
aum no pt seguinte) repetir 4 vezes [40]
Vlt 36-37: pb em cada um dos 40 pt [40]
Troque para verde-sálvia.
Vlt 38: pb laç atrás em todos os 40 pt [40]
Vlt 39-43: pb em todos os 40 pt [40]
Vlt 44: (pb nos próximos 8 pt, dim)
repetir 4 vezes [36]
Vlt 45-47: pb em todos os 36 pt [36]

PERNAS

Para fazer as pernas, divida o trabalho identificando 3 pontos centrais para o espaço central entre as pernas, 3 pontos centrais para as costas e 15 pontos para cada perna (você pode usar marcadores para lhe ajudar). Se as pernas não estão bem alinhadas com a cabeça, faça mais alguns pontos baixos no corpo ou desfaça alguns pontos. Una o último ponto para a perna da parte da frente com a parte das costas, trabalhando em ponto baixo (este ponto baixo será o primeiro da perna). Agora os pontos da primeira perna estão unidos. Continue trabalhando a primeira perna.

Vlt 48-57: pb em todos os 15 pt [15]
Encha bem o corpo e a perna.
Vlt 58: (pb no próximo pt, dim) repetir 5 vezes [10]
Vlt 59: dim 5 vezes [5]
Arremate deixando um pedaço longo de fio. Utilize uma agulha de costura para esconder o fio passando pela laçada da frente dos pontos que restaram e puxe com força para fechar. Esconda o resto do fio.

SEGUNDA PERNA
Una novamente o fio verde-sálvia no quarto ponto não trabalhado na parte das costas da volta 47. Aqui é onde começamos o primeiro ponto da perna. Deixe um pedaço longo de fio.
Vlt 48: pb em todos os 15 pt. Ao chegar no 15º ponto, pb no primeiro ponto para unir o redondo [15].
Vlt 49-59: repetir o padrão da primeira perna.
Encha mais se necessário. Usando uma agulha de tapeçaria, costure e feche os 3 pontos entre as pernas.

BOLINHAS

(fazer 12 em rosa pastel)
Vlt 1: inicie com 6 pb em um anel mágico [6].
Pbx no próximo ponto. Arremate deixando um pedaço longo de fio para a costura.

CASCO

(em grafite)
Vlt 1: inicie com 6 pb em um anel mágico [6]
Vlt 2: aum em todos os pt [12]
Vlt 3: (pb no próximo pt, aum no pt seguinte) repetir 6 vezes [18]
Vlt 4: (pb no próximo pt, aum no pt seguinte) repetir 9 vezes [27]
Vlt 5: (pb nos próximos 2 pt, aum no pt seguinte) repetir 9 vezes [36]
Vlt 6: (pb nos próximos 3 pt, aum no pt seguinte) repetir 9 vezes [45]
Vlt 7-8: pb em todos os 45 pt [45]
Vlt 9: (pb nos próximos 4 pt, aum no pt seguinte) repetir 9 vezes [54]
Vlt 10-11: pb em todos os 54 pt [54]
Vlt 12: (pb nos próximos 5 pt, aum no pt seguinte) repetir 9 vezes [63]
Vlt 13: pb em todos os 63 pt [63]
Vlt 14: laç atrás (pb nos próximos 5 pt, dim) repetir 9 vezes [54]
Vlt 15: (pb nos próximos 4 pt, dim) repetir 9 vezes [45]
Vlt 16: (pb nos próximos 3 pt, dim) repetir 9 vezes [36]
Arremate deixando um pedaço longo de fio para a costura. Una o fio grafite na primeira laçada do primeiro ponto da Vlt 14 e pbx laç frente em todos os 63 pt. Arremate e esconda os fios. Costure pequenas bolinhas cor-de-rosa no casco. Encha com fibra acrílica. Costure o casco entre as voltas 27 e 40 do corpo.

BRAÇOS

(faça 2, inicie com verde-sálvia)
Vlt 1: inicie com 5 pb em um anel mágico [5]
Vlt 2: aum em todos os 5 pt [10]
Vlt 3-12: pb em todos os 10 pt [10]
Continue no padrão listrado trocando de cor a cada carreira, alternando entre branco e azul França.
Vlt 13-16: pb em cada um dos 10 pt [10]
Vlt 17: (pb nos próximos 3 pt, dim) repetir 2 vezes [8]
Arremate deixando um pedaço longo de fio para a costura. Encha com fibra acrílica. Costure os braços nas laterais entre as voltas 28 e 29.

RABO

(em verde-sálvia)
Vlt 1: inicie com 5 pb em um anel mágico [5]
Vlt 2: pb em todos os 5 pt [5]
Vlt 3: aum em todos os pt [10]
Arremate deixando um pedaço longo de fio para a costura. O rabo não precisa de enchimento. Costure o rabo entre as voltas 41 e 42, centralizando abaixo do casco.

54

BOTAS DE CHUVA

(faça 2 em amarelo)
8 corr. Os pontos são trabalhados ao redor dos dois lados da corrente de base.
Vlt 1: inicie na segunda corr a partir da agulha, aum neste pt, pb nos próximos 5 pt, 4 pb no último pt. Continue do outro lado da corrente de base, pb nos próximos 5 pt, aum no último pt [18]
Vlt 2: aum nos próximos 2 pt, pb nos próximos 5 pt, aum nos próximos 4 pt, pb nos próximos 5 pt, aum nos próximos 2 pt [26]
Vlt 3: aum nos próximos 2 pt, pb nos próximos 10 pt, aum no próximo pt, pb no próximo pt, aum no próximo pt, pb nos próximos 10 pt, aum no próximo pt [31]
Vlt 4: pb laç atrás em todos os 31 pt [31]
Vlt 5: pb nos próximos 11 pt, dim 2 vezes, pb no próximo pt, dim 2 vezes, pb nos próximos 11 pt [27]
Vlt 6: pb nos próximos 10 pt, dim 5 vezes, pb nos próximos 7 pt [22]
Vlt 7: pb nos próximos 10 pt, dim 2 vezes, pb nos próximos 8 pt [20]
Vlt 8-10: pb em todos os 20 pt [20]
Vlt 11: pbx em todos os 20 pt [20]
Arremate e esconda os fios. Unir o fio off-white na última laçada da frente do ponto da volta 4 e pbx laç frente em todos os 31 pt. Arremate e esconda os fios.

Satsuki Gata

Quando ela era uma gatinha, Satsuki recebeu seu primeiro caderno e um estojo com 48 cores de lápis de cor. Ela ficou tão admirada que não quis encostar no seu presente por dias. Quando ela o usou pela primeira vez, tomou muito cuidado para não estragar nenhuma folha nem quebrar a ponta de nenhum lápis. Satsuki gostava de escrever e desenhar, mas ela gostava mais era de olhar para as belíssimas linhas azuis do caderno e ficava cada vez mais deslumbrada com o estojo vermelho. Com o passar dos anos, ela juntou uma coleção de papelaria tão grande que ocupou todo seu quarto. E quando seu quarto não tinha mais espaço, ela deu um grande salto. Hoje, ela tem orgulho e se sente feliz em ser dona de uma papelaria, onde ela consegue demonstrar sua paixão para qualquer pessoa que entra pela porta vermelha com cortinas de linho azul.

NÍVEL DE HABILIDADE ★★

Tamanho:
31 cm de altura quando feito com o fio indicado

Materiais:
– Fio worsted em
  · cinza-claro
  · grafite
  · off-white
  · preto
  · rosa pastel
  · marrom
– Agulha de crochê tamanho 2,75 mm
– Olho preto com trava (10 mm)
– Fibra acrílica

Habilidades necessárias:
anel mágico (p. 32), trabalhando ao redor de uma corrente de base (p. 34), trocando de cor no início de uma volta (p. 35), trocando de cor no meio da volta (p. 35), trabalhando em carreiras, dividindo o corpo em duas partes (p. 47), ponto cestaria pontudo (p. 29), ponto musgo (p. 28), bordado (p. 38), unindo partes (p. 39)

Nota: A cabeça e o corpo são trabalhados juntos em uma peça.

BOCHECHAS

(faça 2 em rosa pastel)
Vlt 1: inicie com 8 pb em um anel mágico [8]
Arremate deixando um pedaço longo de fio para a costura.

FOCINHO

(em off-white)
6 corr. Os pontos são trabalhados ao redor da corrente de base.
Vlt 1: iniciar na segunda corr a partir da agulha, pb nos próximos 4 pt, 3 pb no último pt. Continue do outro lado da corr, pb nos próximos 3 pt, aum no último pt [12]
Vlt 2: aum no próximo pt, pb nos próximos 3 pt, aum nos próximos 3 pt, pb nos próximos 3 pt, aum nos últimos 2 pt [18]
Vlt 3-4: pb em todos os 18 pt [18]
Arrematar deixando um pedaço longo de fio para a costura. Borde a boca e o nariz com fio preto. Encha um pouco o focinho com fibra acrílica.

CABEÇA E CORPO

(iniciar com cinza-claro)
Vlt 1: inicie com 6 pb em um anel mágico [6]
Vlt 2: aum em todos os 6 pt [12]
Vlt 3: (pb no próximo pt, aum no pt seguinte) repetir 6 vezes [18]
Vlt 4: (pb nos próximos 2 pt, aum no pt seguinte) repetir 6 vezes [24]
Vlt 5: (pb nos próximos 3 pt, aum no pt seguinte) repetir 6 vezes [30]
Vlt 6: (pb nos próximos 4 pt, aum no pt seguinte) repetir 6 vezes [36]
Vlt 7: (pb nos próximos 5 pt, aum no pt seguinte) repetir 6 vezes [42]
Vlt 8: (pb nos próximos 6 pt, aum no pt seguinte) repetir 6 vezes [48]
Vlt 9: (pb nos próximos 7 pt, aum no pt seguinte) repetir 6 vezes [54]
Vlt 10-12: pb em todos os 54 pt [54]
Continue trabalhando alternando as cores (cinza-claro e off-white). A cor que você deve trabalhar será indicada antes de cada parte.
Vlt 13-14: (cinza-claro) pb nos próximos 26 pt, (off-white) pb nos próximos 2 pt, (cinza-claro) pb nos próximos 26 pt [54]
Vlt 15-16: (cinza-claro) pb nos próximos 25 pt, (off-white) pb nos próximos 4 pt,

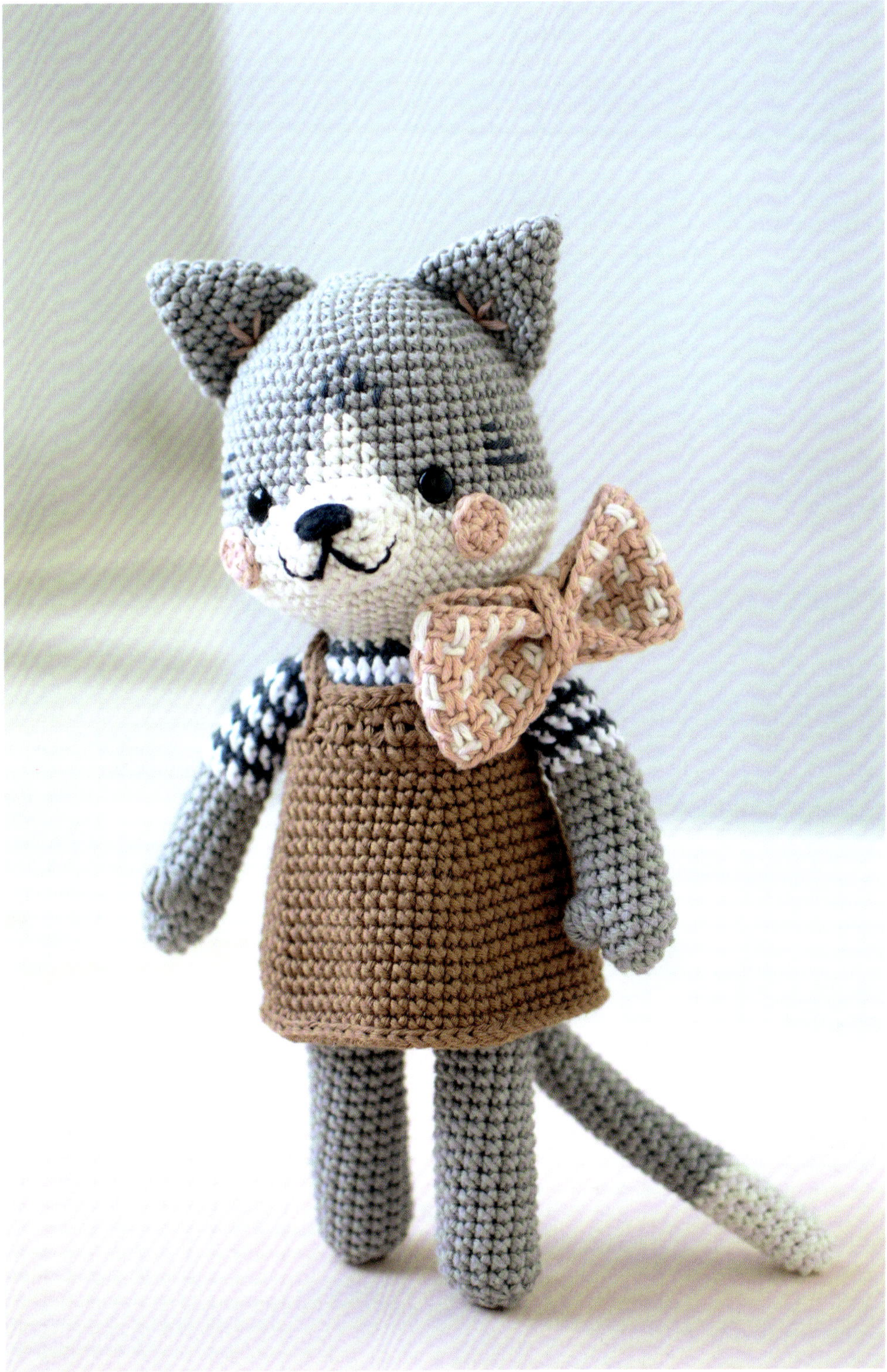

(cinza-claro) pb nos próximos 25 pt [54]
Vlt 17: (cinza-claro) pb nos próximos 24 pt, (off--white) pb nos próximos 6 pt, (cinza-claro) pb nos próximos 24 pt [54]
Vlt 18: (cinza-claro) (pb nos próximos 2 pt, aum no pt seguinte) repetir 7 vezes, pb nos próximos 2 pt, (off-white) (aum no próximo pt, pb nos próximos 2 pt) repetir 3 vezes, (cinza-claro) aum no próximo pt, (pb nos próximos 2 pt, aum no ponto seguinte) repetir 7 vezes [72]
Continuar em fio off-white.
Vlt 19-21: pb em todos os 72 pt [72]
Vlt 22: (pb nos próximos 4 pt, dim) repetir 12 vezes [60]
Vlt 23: (pb nos próximos 3 pt, dim) repetir 12 vezes [48]
Vlt 24: (pb nos próximos 2 pt, dim) repetir 12 vezes [36]
Costure o focinho entre as voltas 17 e 22. Insira os olhos com trava entre as voltas 17 e 18 a 2 pontos de distância do focinho. Costure as bochechas embaixo dos olhos. Borde 3 linhas horizontais nos dois lados da cabeça e linhas verticais acima do nariz com fio grafite.
Vlt 25: (pb nos próximos 4 pt, dim) repetir 6 vezes [30]
Vlt 26: (pb nos próximos 3 pt, dim) repetir 6 vezes [24]
Vlt 27: (pb nos próximos 2 pt, dim) repetir 6 vezes [18]
Vlt 28: pb em todos os 18 pt [18]
Encha bem a cabeça com fibra acrílica. Continue em padrão listrado, trocando de cor a cada carreira, alternando entre grafite e branco.
Vlt 29: (pb nos próximos 2 pt, aum no pt seguinte) repetir 6 vezes [24]
Vlt 30: (pb nos próximos 3 pt, aum no pt seguinte) repetir 6 vezes [30]
Vlt 31-33: pb em todos os 30 pt [30]
Vlt 34: (pb nos próximos 4 pt, aum no pt seguinte) repetir 6 vezes [36]
Vlt 35-38: pb em todos os 36 pt [36]. Troque para o cinza-claro.
Vlt 39: pb laç atrás em todos os 36 pt [36]
Vlt 40-44: pb em todos os 36 pt [36]

PERNAS

Para fazer as pernas, divida o trabalho identificando 3 pontos centrais para o espaço central entre as pernas, 3 pontos centrais para as costas e 15 pontos para cada perna (você pode usar marcadores para lhe ajudar). Se as pernas não estão bem alinhadas com a cabeça, faça mais alguns pontos baixos no corpo ou desfaça alguns pontos. Una o último ponto para a perna da parte da frente com a parte das costas, trabalhando em ponto baixo (este ponto baixo será o primeiro da perna). Agora os pontos da primeira perna estão unidos. Continue trabalhando a primeira perna.
Vlt 45-68: pb em todos os 15 pt [15]
Encha bem o corpo e a perna.
Vlt 69: (pb no próximo pt, dim) repetir 5 vezes [10]
Vlt 70: dim 5 vezes [5]
Arremate deixando um pedaço longo de fio. Utilize uma agulha de costura para esconder o fio passando pela laçada da frente dos pontos que restaram e puxe com força para fechar. Esconda o resto do fio.

Segunda perna
Una novamente o fio cinza-claro no quarto ponto não trabalhado na parte das costas da volta 44. Deixe um pedaço longo de fio. Aqui é onde começamos o primeiro ponto da perna.
Vlt 45: pb em todos os 15 pt. Ao chegar no 15º ponto, pb no primeiro ponto para unir o redondo [15]
Vlt 46-70: repetir o padrão da primeira perna. Encha mais se necessário. Usando uma agulha de tapeçaria, costure e feche os 3 pontos entre as pernas.

BRAÇOS

(faça 2, iniciar com cinza-claro)
Vlt 1: inicie com 6 pb em um anel mágico [6]
Vlt 2: aum em todos os 6 pt [12]
Vlt 3-4: pb em todos os 12 pt [12]
Vlt 5: pb no próximo pt, bolha no próximo pt, pb nos próximos 10 pt [12]
Vlt 6-12: pb em todos os 12 pt [12]
Continue em padrão listrado, trocando de cor a cada volta, alternando entre branco e grafite.
Vlt 13-20: pb em todos os 12 pt [12]
Vlt 21: (pb no próximo pt, dim) repetir 4 vezes [8]
Arremate deixando um pedaço longo de fio. Encha com fibra. Costure os braços dos dois lados entre as voltas 30 e 31.

ORELHAS

(faça 2, em cinza-claro)
Vlt 1: inicie com 5 pb em um anel mágico [5]
Vlt 2: pb em todos os 5 pt [5]
Vlt 3: aum em todos os 5 pt [10]
Vlt 4: pb em todos os 10 pt [10]
Vlt 5: (pb no próximo pt, aum no pt seguinte) repetir 5 vezes [15]
Vlt 6: pb em todos os 15 pt [15]
Vlt 7: (pb nos próximos 2 pt, aum no pt seguinte) repetir 5 vezes [20]
Vlt 8: pb em todos os 20 pt [20]
Arremate deixando um pedaço longo de fio para a costura. Borde listras rosa pastel na orelha. Achate-as antes de costurar. Não encha. Costure as orelhas na cabeça entre as voltas 3 e 12.

RABO

(iniciar com off-white)

Vlt 1: inicie com 6 pb em um anel mágico [6]
Vlt 2: (pb no próximo pt, aum no pt seguinte) repetir 3 vezes [9]
Vlt 3-10: pb em todos os 9 pt [9]

Troque para fio cinza-claro. Encha um pouco com fibra e continue enchendo enquanto tece.

Vlt 11-40: pb em todos os 9 pt [9]

Arremate deixando um pedaço longo de fio para a costura. Encha mais o rabo se necessário. Costure o rabo nas costas, centralizando na volta 41.

VESTIDO

(em marrom)

40 corr. Certifique-se de que sua corrente não está torcida. Insira a agulha na primeira corrente e una a corrente de base com um pbx. Continue trabalhando em espiral.

Vlt 1-2: pb em todos os 40 pt [40]
Vlt 3: (pb nos próximos 9 pt, aum no pt seguinte) repetir 4 vezes [44]
Vlt 4: pb em todos os 44 pt [44]
Vlt 5: (pb nos próximos 10 pt, aum no pt seguinte) repetir 4 vezes [48]
Vlt 6: pb em todos os 48 pt [48]
Vlt 7: (pb nos próximos 11 pt, aum no pt seguinte) repetir 4 vezes [52]
Vlt 8-9: pb em todos os 52 pt [52]
Vlt 10: (pb nos próximos 12 pt, aum no pt seguinte) repetir 4 vezes [56]
Vlt 11-12: pb em todos os 56 pt [56]
Vlt 13: (pb nos próximos 13 pt, aum no pt seguinte) repetir 4 vezes [60]
Vlt 14-15: pb em todos os 60 pt [60]
Vlt 16: (pb nos próximos 14 pt, aum no pt seguinte) repetir 4 vezes [64]
Vlt 17: pbx em todos os 64 pt [64]

Arremate e esconda os fios. Continue trabalhando o peitilho da frente. Trabalhe em carreiras nos 8 pontos centrais da Vlt 1. Insira a agulha pelo lado direito e puxe uma laçada.

Carr 1: pb nos próximos 8 pt, 2 corr, virar [8]
Carr 2: ponto musgo em todos os 8 pt, 1 corr, virar [8]
Carr 3: ponto musgo em todos os 8 pt [8]

Não arremate. Faça as alças e cinto: 31 corr, inicie na segunda corr a partir da agulha, pbx nas próximas 30 corr, pb nas próximas 3 carreiras no lado esquerdo do peitilho, pb nos próximos 32 pt na cintura, pb nas próximas 3 carreiras no lado direito do peitilho. 31 corr, inicie na segunda corr a partir da agulha, pbx nos próximos 30 pt, pbx nos próximos 6 pt na lateral da frente do peitilho. Arremate e esconda os fios. Cruze as alças nas costas e costure-as no vestido deixando 8 pontos de espaço entre uma e outra. Você também pode amarrar as alças no pescoço.

GRAVATA BORBOLETA

(em rosa pastel)

35 corr. Certifique-se de que sua corrente não está torcida. Insira a agulha na primeira corrente e una a corrente de base com um pbx. Continue trabalhando em espiral.

Vlt 1: pb nos próximos 35 pt [35]
Troque para o fio off-white.
Vlt 2: (pb laç atrás no próximo ponto, pontudo no ponto da volta anterior) repetir até o fim da volta [35]
Trocar para rosa pastel.
Vlt 3: (pontudo no ponto da volta anterior, pb laç atrás no próximo pt) repetir até o fim da volta [35]
Vlt 4: (pb laç atrás no próximo ponto, pontudo no ponto da volta anterior) repetir até o fim da volta [35]
Trocar para off-white
Vlt 5: (pontudo no ponto da volta anterior, pb laç atrás no próximo pt) repetir até o fim da volta [35]
Trocar para rosa pastel.
Vlt 6-8: repetir voltas 3 a 5
Trocar para rosa pastel.
Vlt 9: (pontudo no ponto da volta anterior, pb laç atrás no próximo pt) repetir até o fim da volta [35]
Arrematar e esconder os fios.

METADE DO LAÇO
(em rosa pastel)

14 corr. Não unir. Trabalhe em carreiras
Carr 1: iniciar na segunda corr a partir da agulha, pb nos próximos 13 pt [13]
Arremate deixando um pedaço longo de fio. Franza a gravata borboleta e costure o laço central ao redor do meio da gravata. Costure a gravata borboleta em uma das alças.

Mario Guaxinim

Mario é motorista de ônibus e adora seu trabalho. Ele dirige cinco dias por semana seu ônibus pelo vale, ligando duas cidades e passando por uma pequena vila junto ao rio. Mario se diverte olhando a mudança das estações (ele também é um poeta de coração), mas o que ele mais gosta são as conversas com seus passageiros. Mario adora falar sobre o tempo ou sobre a próxima colheita e, você sabe, adora fofocar. Depois de ler uma coluna sobre a vida de autores famosos, Mario teve a ideia de escrever as histórias de todas as pessoas que ele levou no ônibus ao longo dos anos. Ele agora se aproveita das suas duas horas de intervalo para anotar suas ideias. Ele já tem material suficiente para escrever uma saga de 3 volumes, mas ele diz que ainda precisa de mais (talvez seja só uma desculpa para fofocar mais ainda).

NÍVEL DE HABILIDADE
*

Tamanho:
24 cm de altura se feito com o fio indicado

Material:
- Fio worsted em:
  · cinza-claro
  · cinza-escuro
  · cinza-esverdeado
  · mostarda
  · off-white
  · preto
  · rosa pastel
- Agulha de crochê tamanho 2,75 mm
- Agulha de crochê tamanho 3,5 mm
- Olho preto com trava (10 mm)
- Fibra acrílica

Habilidades necessárias:
anel mágico (p. 32), trocando de cor no início da volta (p. 35), trocando de cor no meio da volta (p. 35), trabalhando em carreiras, dividindo o corpo em duas partes (p. 47), canelado em ponto baixo (p. 30), bordado (p. 38), unindo partes (p. 39)

Nota: Use uma agulha de crochê tamanho 2,75 mm a não ser quando indicado outro tamanho de agulha.

Nota: A cabeça e o corpo são trabalhados juntos em uma peça.

FOCINHO

(iniciar em preto)
Vlt 1: inicie com 6 pb em um anel mágico [6]
Vlt 2: aum em todos os 6 pt [12]
Vlt 3: pb em todos os 12 pt [12]
Continue trabalhando alternando os fios (off-white e cinza-escuro). A cor que você deve trabalhar será indicada antes de cada parte.
Vlt 4: (off-white) pb nos próximos 4 pt, (cinza-escuro) pb nos próximos 4 pt, (off-white) pb nos próximos 4 pt [12]
Vlt 5: (off-white) (pb no próximo pt, aum no ponto seguinte) repetir 2 vezes, (cinza-escuro) (pb no próximo pt, aum no ponto seguinte) repetir 2 vezes, (off-white) (pb no próximo pt, aum no ponto seguinte) repetir 2 vezes [18]
Vlt 6-8: (off-white) pb nos próximos 6 pt, (cinza-escuro) pb nos próximos 6 pt, (off-white) pb nos próximos 6 pt [18]
Arremate deixando um pedaço longo de fio para a costura. Borde a boca com fio preto. Encha o focinho com fibra acrílica.

CABEÇA E CORPO

(iniciar com cinza-claro)
Vlt 1: inicie com 6 pb em um anel mágico [6]
Vlt 2: aum em todos os 6 pt [12]
Vlt 3: (pb no próximo pt, aum no pt seguinte) repetir 6 vezes [18]
Vlt 4: (pb no próximo pt, aum no pt seguinte) repetir 9 vezes [27]
Vlt 5: (pb nos próximos 2 pt, aum no pt seguinte) repetir 9 vezes [36]
Vlt 6: (pb nos próximos 3 pt, aum no pt seguinte) repetir 9 vezes [45]
Vlt 7: (pb nos próximos 4 pt, aum no pt seguinte) repetir 9 vezes [54]
Vlt 8-10: pb em todos os 54 pt [54]
Vlt 11: (pb nos próximos 8 pt, aum no pt seguinte) repetir 6 vezes [60]
Continue trabalhando alternando os fios (cinza-claro, off-white e cinza-escuro). A cor que você deve trabalhar será indicada antes de cada parte.
Vlt 12: (cinza-claro) pb nos próximos 19 pt, (off-white) pb nos próximos 22 pt, (cinza-claro) pb nos próximos 19 pt [60]
Vlt 13: (cinza-claro) pb nos próximos 17 pt, (off-white) pb nos próximos 2 pt, (cinza-escuro) pb nos próximos 22 pt, (off-white) pb nos próximos 2 pt, (cinza-claro) pb nos próximos 17 pt [60]

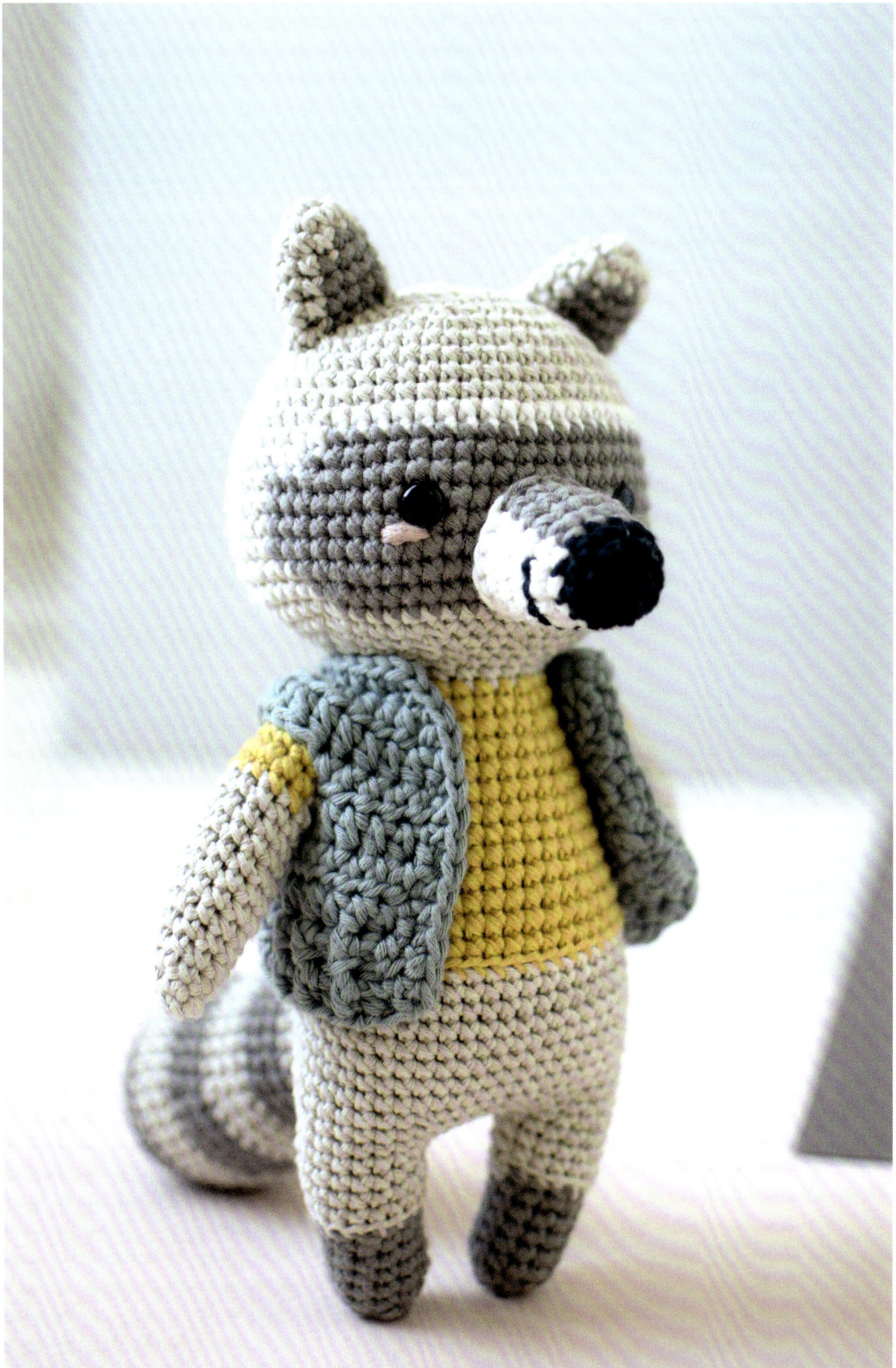

Vlt 14: (cinza-claro) pb nos próximos 16 pt, (off-white) pb nos próximos 2 pt, (cinza-escuro) pb nos próximos 24 pt, (off-white) pb nos próximos 2 pt, (cinza-claro) pb nos próximos 16 pt [60]
Arremate o fio off-white, continue com cinza-claro e cinza-escuro.
Vlt 15: (cinza-claro) pb nos próximos 9 pt, aum no pt seguinte, pb nos próximos 6 pt, (cinza-escuro) pb nos próximos 3 pt, aum no ponto seguinte, (pb nos próximos 9 pt, aum no ponto seguinte) repetir 2 vezes, pb nos próximos 4 pt, (cinza-claro) pb nos próximos 5 pt, aum no pt seguinte, pb nos próximos 9 pt, aum no pt seguinte [66]
Vlt 16-18: (cinza-claro) pb nos próximos 17 pt, (cinza-escuro) pb nos próximos 31 pt, (cinza-claro) pb nos próximos 18 pt [66]
Vlt 19: (cinza-claro) pb nos próximos 19 pt, (cinza-escuro) pb nos próximos 27 pt, (cinza-claro) pb nos próximos 20 pt [66]
Vlt 20: (cinza-claro) pb nos próximos 9 pt, dim, pb nos próximos 9 pt, (cinza-escuro) dim, (pb nos próximos 9 pt, dim) repetir 2 vezes, pb no próximo pt, (cinza-claro) pb nos próximos 8 pt, dim, pb nos próximos 9 pt, dim [60]
Continue com cinza-claro.
Vlt 21: (pb nos próximos 8 pt, dim) repetir 6 vezes [54]
Vlt 22: (pb nos próximos 4 pt, dim) repetir 9 vezes [45]
Costure o focinho entre as voltas 15 e 20.
Insira os olhos com trava entre as carreiras 16 e 17 a três pontos de distância do focinho. Borde a bochecha com rosa pastel.
Vlt 23: (pb nos próximos 3 pt, dim) repetir 9 vezes [36]
Vlt 24: (pb nos próximos 4 pt, dim) repetir 6 vezes [30]
Vlt 25: (pb nos próximos 3 pt, dim) repetir 6 vezes [24]
Vlt 26: pb em todos os 24 pt [24]
Encha a cabeça com fibra acrílica. Troque para o fio mostarda.
Vlt 27: (pb nos próximos 3 pt, aum no pt seguinte) repetir 6 vezes [30]
Vlt 28: pb em todos os 30 pt [30]
Vlt 29: (pb nos próximos 4 pt, aum no pt seguinte) repetir 6 vezes [36]
Vlt 30-31: pb em todos os 36 pt [36]
Vlt 32: (pb nos próximos 5 pt, aum no pt seguinte) repetir 6 vezes [42]
Vlt 33-36: pb em todos os 42 pt [42]
Vlt 37: (pb nos próximos 6 pt, aum no pt seguinte) repetir 6 vezes [48]
Vlt 38-39: pb em todos os 48 pt [48]
Troque para cinza-claro.
Vlt 40: pb laç atrás em todos os 48 pt [48]
Vlt 41-47: pb em todos os 48 pt [48]
Vlt 48: (pb nos próximos 6 pt, dim) repetir 6 vezes [42]
Vlt 49-51: pb em todos os 42 pt [42]

PERNAS

Para fazer as pernas, divida o trabalho identificando 5 pontos centrais para o espaço central entre as pernas, 5 pontos centrais para as costas e 16 pontos para cada perna (você pode usar marcadores para lhe ajudar). Se as pernas não estão bem alinhadas com a cabeça, faça mais alguns pontos baixos no corpo ou desfaça alguns pontos. Una o último ponto para a perna da parte da frente com a parte das costas, trabalhando em ponto baixo (este ponto baixo será o primeiro da perna). Agora os pontos da primeira perna estão unidos. Continue trabalhando a primeira perna.
Vlt 52-54: pb em todos os 16 pt [16]
Troque para cinza-escuro.
Vlt 55: laç atrás (pb nos próximos 2 pt, dim) repetir 4 vezes [12]
Vlt 56-60: pb em todos os 12 pt [12]
Encha bem o corpo e a perna.
Vlt 61: dim 6 vezes [6]
Arremate deixando um pedaço longo de fio. Utilize uma agulha de costura para esconder o fio passando pela laçada da frente dos pontos que restaram e puxe com força para fechar. Esconda o resto do fio.

SEGUNDA PERNA
Una novamente o fio cinza-claro no sexto ponto não trabalhado na parte das costas da volta 51. Deixe um pedaço longo de fio. Aqui é onde começamos o primeiro ponto da perna.

Vlt 52: pb em todos os 16 pt. Ao chegar no 16° ponto, pb no primeiro ponto para unir o redondo [16]
Vlt 53-61: repetir o padrão da primeira perna. Encha mais se necessário. Usando uma agulha de tapeçaria, costure e feche os 5 pontos entre as pernas.

BRAÇOS

(faça 2, comece com cinza-claro)
Vlt 1: inicie com 6 pb em um anel mágico [6]
Vlt 2: pb em todos os 6 pt [6]
Vlt 3: (pb no próximo pt, aum no pt seguinte) repetir 3 vezes [9]
Vlt 4-5: pb em todos os 9 pt [9]
Vlt 6: (pb nos próximos 2 pt, aum no pt seguinte) repetir 3 vezes [12]
Vlt 7-12: pb em todos os 12 pt [12]
Troque para o fio mostarda.
Vlt 13-16: pb em todos os 12 pt [12]
Vlt 17: (pb nos próximos 4 pt, dim) repetir 2 vezes [10]
Arremate deixando um pedaço longo de fio. Encha com fibra. Costure os braços dos dois lados entre as carreiras 28 e 29.

ORELHAS

(faça 2, comece com cinza-claro)
Vlt 1: inicie com 6 pb em um anel mágico [6]
Vlt 2: aum em todos os pt [12]
Continue trabalhando alternando os fios (cinza-claro e cinza-escuro). A cor que você deve trabalhar será indicada antes de cada parte.
Vlt 3: (cinza-claro) pb nos próximos 2 pt, (cinza-escuro), pb nos próximos 2 pt, (cinza-claro) (pb nos próximos 8 pt [12]
Vlt 4-6: (cinza-claro) pb no próximo pt, (cinza-escuro), pb nos próximos 4 pt, (cinza-claro) (pb nos próximos 7 pt [12]
Arremate deixando um pedaço longo de fio. Não encha. Achate-as antes de costurar na cabeça.

RABO

(comece com cinza-escuro)
Vlt 1: inicie com 6 pb em um anel mágico [6]
Vlt 2: aum em todos os 6 pt [12]
Vlt 3: (pb no próximo pt, aum no pt seguinte) repetir 6 vezes [18]
Vlt 4: (pb nos próximos 2 pt, aum no pt seguinte) repetir 6 vezes [24]
Vlt 5: pb nos próximos 3 pt, aum no pt seguinte) repetir 6 vezes [30]
Vlt 6: pb nos próximos 4 pt, aum no pt seguinte) repetir 6 vezes [36]
Vlt 7-8: pb em todos os 36 pt [36]
Continue trabalhando em padrão listrado, alternando 3 voltas em cinza-claro e 3 voltas em cinza-escuro.
Vlt 9-11: pb em todos os 36 pt [36]
Vlt 12: (pb nos próximos 7 pt, dim) repetir 4 vezes [32]
Vlt 13-14: pb em todos os 32 pt [32]
Vlt 15: (pb nos próximos 6 pt, dim) repetir 4 vezes [28]
Vlt 16-17: pb em todos os 28 pt [28]
Vlt 18: (pb nos próximos 5 pt, dim) repetir 4 vezes [24]
Vlt 19-20: pb em todos os 24 pt [24]
Vlt 21: (pb nos próximos 4 pt, dim) repetir 4 vezes [20]
Vlt 22-23: pb em todos os 20 pt [20]
Vlt 24: (pb nos próximos 3 pt, dim) repetir 4 vezes [16]
Vlt 25-26: pb em todos os 16 pt [16]
Arremate deixando um pedaço longo de fio. Encha com fibra acrílica. Costure nas costas, centralizado entre as carreiras 43 e 46.

COLETE

(em cinza-esverdeado, usando uma agulha de crochê 3,5 mm)
25 corr. Trabalhe em carreiras.
Carr 1: inicie na segunda corr a partir da agulha, pb nos próximos 24 pt, 2 corr, virar [24]
Carr 2: (pma nos próximos 3 pt, aum no pt seguinte) repetir 6 vezes, 2 corr, virar [30]
Carr 3: (pma nos próximos 4 pt, aum no pt seguinte) repetir 6 vezes, 2 corr, virar [36]
Carr 4: pma nos próximos 5 pt, 5 corr, pular 7 pt, pma nos próximos 12 pt, 5 corr, pular 7 pt, pma nos próximos 5 pt, 2 corr, virar [32]
Carr 5: pma nos próximos 32 pt [32]
Carr 6: pma nos próximos 7 pt, aum no pt seguinte) repetir 4 vezes, 2 corr, virar [36]
Carr 7: pma nos próximos 36 pt [36]
Carr 8-9: pma canelado em todos os 36 pt [36]
Sem virar, faça pb ao redor de todo o colete, nas laterais do primeiro lado, ao redor do pescoço, descendo pela lateral do outro lado.
Arremate e esconda os fios.

67

Agatha Abelha

A abelha Agatha tem uma grande família que ela ama muito e eles trabalham juntos na fazenda de mel. Entretanto, como ela é uma abelha muito pequena, ela sempre soube que o negócio do mel não era para ela. Ela queria viajar, mas não podia ir muito longe (suas asas não são grandes o suficiente e como ela nasceu em um campo de margaridas na Nova Zelândia, ela teria que atravessar o oceano e acabaria sentindo muito enjoo). Por sorte, na sua primeira viagem para a costa ela conheceu alguns tatuadores incríveis e foi aí que ela descobriu o que queria fazer da vida. Ela está trabalhando como estagiária agora, entendendo do ofício e... se enchendo de tatuagens. Por favor, não conte para os pais dela (sendo que, o avô dela ia adorar as tatuagens novas).

NÍVEL DE HABILIDADE
**

Tamanho:
18 cm de altura se utilizar a agulha indicada

Materiais:
– Fio worsted em
 · amarelo-ocre
 · cinza-esverdeado
 · off-white
 · grafite
 · rosa pastel
 · preto (sobras)
– Agulha de crochê tamanho 2,75 mm
– Olho preto com trava (12 mm, oval)
– Fibra acrílica

Habilidades necessárias:
anel mágico (p. 32), trabalhando ao redor de uma corrente de base (p. 34), trocando de cor no início da volta (p. 35), trabalhando crochê em jacquard com diagrama (p. 36), bordado (p. 38), unindo partes (p. 39)

Nota: *A cabeça e o corpo são trabalhados juntos em uma peça.*

BOCHECHAS

(em rosa pastel)
Vlt 1: inicie com 6 pb em um anel mágico [6]
Pbx no próximo pt. Arremate deixando um pedaço longo de fio para a costura.

CABEÇA E CORPO

(iniciar com amarelo-ocre)
Vlt 1: inicie com 6 pb em um anel mágico [6]
Vlt 2: aum em todos os 6 pt [12]
Vlt 3: (pb no próximo pt, aum no pt seguinte) repetir 6 vezes [18]
Vlt 4: (pb nos próximos 2 pt, aum no pt seguinte) repetir 6 vezes [24]
Vlt 5: (pb nos próximos 3 pt, aum no pt seguinte) repetir 6 vezes [30]
Vlt 6: (pb nos próximos 4 pt, aum no pt seguinte) repetir 6 vezes [36]
Vlt 7: (pb nos próximos 5 pt, aum no pt seguinte) repetir 6 vezes [42]
Vlt 8: (pb nos próximos 6 pt, aum no pt seguinte) repetir 6 vezes [48]
Vlt 9-14: pb em todos os 48 pt [48]
Continue trabalhando o padrão de listras verticais. O padrão é feito alternando 3 pontos em verde-acinzentado e 3 pontos em off-white (veja o diagrama). Na volta 15, o aumento conta como 2 pontos da mesma cor e às vezes será feito com um ponto de cada cor.
Vlt 15: (pb nos próximos 3 pt, aum no pt seguinte) repetir 12 vezes [60]
Vlt 16-19: pb laç atrás em todos os 60 pt [60]
Insira os olhos entre as voltas 12 e 13 com um espaço de 10 pontos entre cada um. Borde a boca com fio preto. Costure as bochechas perto dos olhos. Continue trabalhando o padrão bolinhas (veja o diagrama). Alterne uma volta em grafite e uma volta em padrão bolinha (2 pt em grafite, 1 pt em cinza-esverdeado). A cor que você deve trabalhar será indicada antes de cada parte.
Vlt 20: (grafite) (pb nos próximos 3 pt, dim) repetir 12 vezes [48]
Vlt 21: (padrão bolinhas) pb em todos os 48 pt [48]

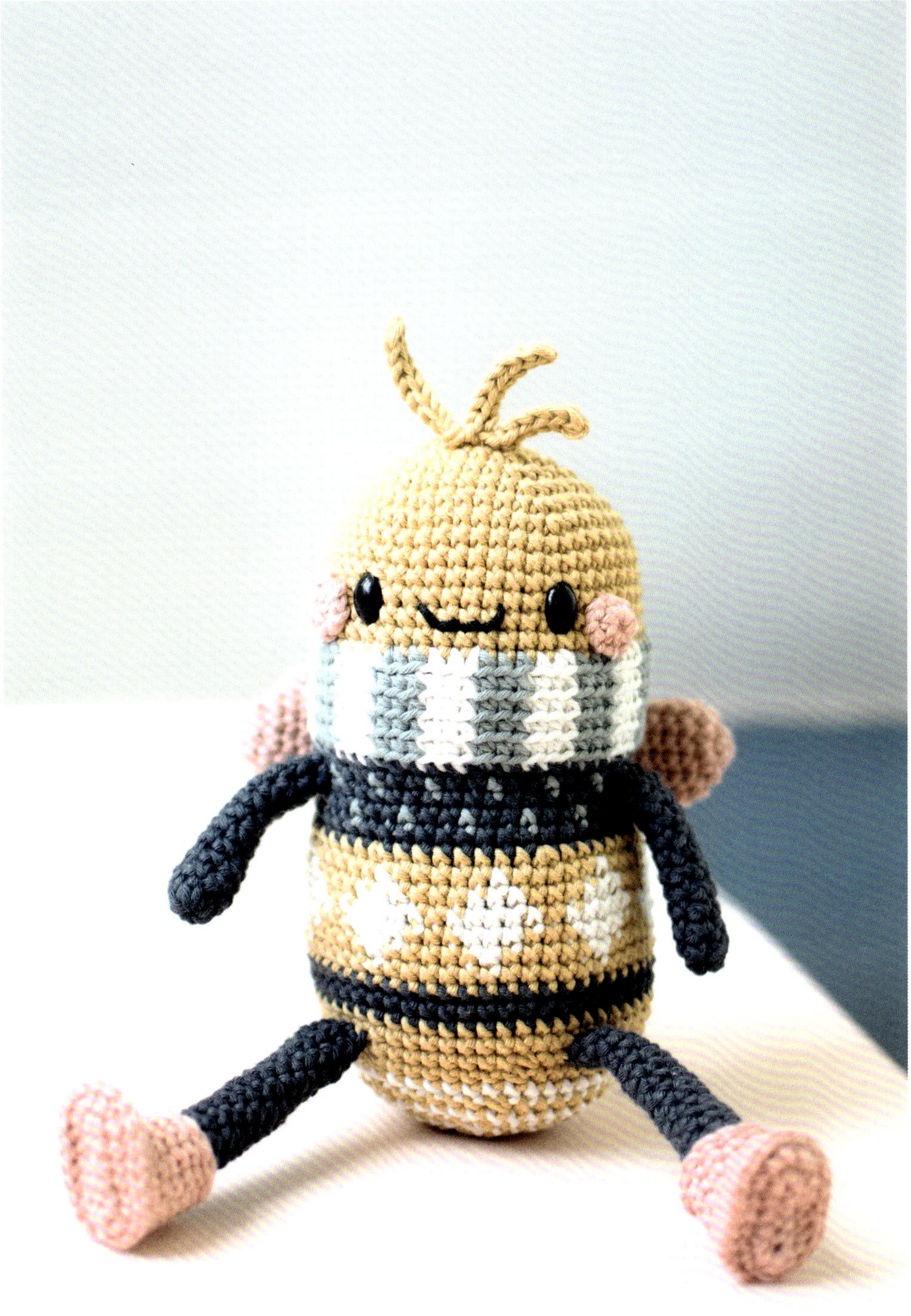

Vlt 22: (grafite) pb em todos os 48 pt [48]
Vlt 23: (inicie com um pt em grafite, um pt em cinza-esverdeado e continue em pt bolinha) pb em todos 48 pt [48]
Vlt 24: (grafite) pb em todos os 48 pt [48]
Troque para amarelo-ocre. Continue no padrão diamante usando amarelo-ocre e off-white (veja o diagrama).
Vlt 25: (pb nos próximos 7 pt, aum no pt seguinte) repetir 6 vezes [54]
Vlt 26-31: pb em todos os 54 pt [54]
Troque para grafite.
Vlt 32-33: pb em todos os 54 pt [54]
Troque para amarelo-ocre.
Vlt 34-35: pb em todos os 54 pt [54]
Vlt 36: (pb nos próximos 7 pt, dim) repetir 6 vezes [48]
Vlt 37: (pb nos próximos 6 pt, dim) repetir 6 vezes [42]

Continue em padrão listrado, trocando a cor a cada volta, alternando entre off-white e amarelo-ocre.
Vlt 38: pb em todos os 42 pt [42]
Vlt 39: (pb nos próximos 5 pt, dim) repetir 6 vezes [36]
Vlt 40: pb em todos os 36 pt [36]
Vlt 41: (pb nos próximos 4 pt, dim) repetir 6 vezes [30]
Encha bem o corpo com fibra acrílica.
Vlt 42: (pb nos próximos 3 pt, dim) repetir 6 vezes [24]
Vlt 43: (pb nos próximos 2 pt, dim) repetir 6 vezes [18]
Vlt 44: (pb no próximo pt, dim) repetir 6 vezes [12]
Vlt 45: dim 6 vezes [6]
Arremate deixando um pedaço longo de fio. Adicione mais recheio se necessário. Utilize uma agulha de tapeçaria para esconder o fio passando pela laçada da frente dos pontos que restaram e puxe com força para fechar. Esconda o resto do fio.

FRANJA

(em amarelo-ocre)
Puxe uma laçada em amarelo-ocre na Vlt 3 no topo da cabeça.
6 corr, vire, inicie na segunda corr a partir da agulha, pbx nos próximos 5 pt [5]
Una com um pbx no próximo pt da cabeça.
Insira a agulha no próximo pt e 8 corr. Vire, comece na segunda corr a partir da agulha, pbx nos próximos 7 pt. Una com um pbx no próximo pt da cabeça.
Insira a agulha no próximo pt e 10 corr. Vire, comece na segunda corr a partir da agulha, pbx nos próximos 9 pt. Una com um pbx no próximo pt da cabeça. Esconda os fios.

BRAÇOS

(faça 2 em grafite)
Vlt 1: inicie com 7 pb em um anel mágico [7]
Vlt 2-11: pb em todos os 7 pt [7]
Arremate deixando um pedaço longo de fio para a costura. Encha um pouco com fibra acrílica. Costure os braços dos dois lados entre as voltas 21 e 22.

PERNAS

(faça 2 em grafite)
Vlt 1: inicie com 7 pb em um anel mágico [7]
Vlt 2-18: pb em todos os 7 pt [7]
Arremate deixando um pedaço longo de fio para a costura. Encha um pouco com fibra acrílica. Costure os braços dos dois lados entre as voltas 35 e 36.

72

ASAS PEQUENAS

(faça 2 em rosa pastel)
Vlt 1: inicie com 6 pb em um anel mágico [6]
Vlt 2: aum em todos os 6 pt [12]
Vlt 3-8: pb em todos os 12 pt [12]
Arremate deixando um pedaço longo de fio para a costura. Não encha. Achate as asas antes de costurar. Costure as asas nas costas entre as voltas 20 e 24, com um intervalo de 11 pontos.

ASAS GRANDES

(faça 2 em rosa pastel)
Vlt 1: inicie com 6 pb em um anel mágico [6]
Vlt 2: aum em todos os 6 pt [12]
Vlt 3-10: pb em todos os 12 pt [12]
Arremate deixando um pedaço longo de fio para a costura. Não encha. Achate as asas antes de costurar. Costure as asas entre as asas pequenas.

FERRÃO

(em cinza-esverdeado)
Vlt 1: inicie com 6 pb em um anel mágico [6]
Vlt 2: pb em cada um dos 6 pt [6]
Vlt 3: (pb no próximo pt, aum no pt seguinte) repetir 3 vezes [9]
Vlt 4-5: pb em cada um dos 9 pt [9]
Arremate deixando um pedaço longo de fio para a costura. Encha um pouco com fibra acrílica. Costure o ferrão nas costas, centralizando na volta 35.

BOTAS

(faça 2 em rosa pastel)
6 corr. Os pontos são trabalhados dos dois lados da corrente de base.
Vlt 1: inicie da segunda corr a partir da agulha, aum no próximo pt, pb nos 3 pt seguintes, 4 pb no último pt. Continue no outro lado da corrente de base, pb nos próximos 3 pt, aum no último pt [14]
Vlt 2: aum nos próximos 2 pt, pb nos próximos 4 pt, aum nos 3 pt seguintes, pb nos próximos 4 pt, aum no pt seguinte [20]
Vlt 3: pb laç atrás pb nos próximos 9 pt, dim 2 vezes, pb nos próximos 7 pt [18]
Vlt 4: pb nos próximos 6 pt, dim 4 vezes, pb nos próximos 4 pt [14]
Vlt 5: pb nos próximos 6 pt, dim 2 vezes, pb nos próximos 4 pt [12]
Vlt 6-7: pb em todos os 12 pt [12]
Vlt 8: pbx em todos os 12 pt [12]
Arremate e esconda os fios. Una o fio rosa pastel na última laçada da frente da vlt 3 e pbx laç frente em todos os 20 pt. Arremate e esconda os fios.

Newton Coruja

Newton é um cartógrafo. Ele conheceu seu melhor amigo Darwin Tartaruga quando estava mapeando um grupo de novas ilhas no Oceano Pacífico. Apesar de não se encontrarem muito, eles escrevem um ao outro as maiores cartas, detalhando todas as pequenas coisas que eles aprendem enquanto não estão juntos. Darwin escreve páginas incontáveis sobre quantas pintas ele achou em uma joaninha enquanto Newton não está nem aí, mas ele gosta tanto da paixão de Darwin que nunca reclama, nem quando ele escreve pela enésima vez sobre como seu tio conheceu Charles Darwin. Muitas vezes essas descrições vêm em boa hora, uma vez que o que Newton mais ama fazer é criar mapas imaginários para mundos imaginários. Acredite ou não, Newton é a mente por trás dos mapas de muitos jogos de tabuleiro, histórias e filmes que você conhece.

NÍVEL DE HABILIDADE **

Tamanho:
16 cm de altura quando feito com o fio indicado (contando com os tufos de orelhas)

Materiais:
– Fio worsted em
  · azul-petróleo
  · off-white
  · rosa pastel
  · vermelho-antigo
– Agulha de crochê tamanho 2,75 mm
– Olho preto com trava (12 mm, oval)
– Fibra de acrílico

Nível de habilidade: anel mágico (p. 32), troca de cor no meio da volta (p. 35), trabalhando jacquard em crochê de um diagrama (p. 36), bordado (p. 38), unindo partes (p. 39)

Nota: *A cabeça e o corpo são trabalhados juntos em uma peça.*

Nota: *Fiz um padrão de jacquard para Newton crochetando sob as duas laçadas. Você verá como os quadrados tendem a cair para um lado. Para prevenir isso, você pode trabalhar pegando a laç frente.*

BICO

(em vermelho-antigo)
Vlt 1: inicie com 5 pb em um anel mágico [5]
Vlt 2: pb em todos os 5 pt [5]
Vlt 3: aum em todos os 5 pt [10]
Arremate deixando um pedaço longo de fio para a costura. Não encha. Achate o bico antes de costurar.

CABEÇA E CORPO

(inicie com azul-petróleo)
Vlt 1: inicie com 6 pb em um anel mágico [6]
Vlt 2: aum em todos os 6 pt [12]
Vlt 3: (pb no próximo pt, aum no pt seguinte) repetir 6 vezes [18]
Vlt 4: (pb nos próximos 2 pt, aum no pt seguinte) repetir 6 vezes [24]
Vlt 5: (pb nos próximos 3 pt, aum no pt seguinte) repetir 6 vezes [30]
Vlt 6: (pb nos próximos 4 pt, aum no pt seguinte) repetir 6 vezes [36]
Vlt 7: (pb nos próximos 5 pt, aum no pt seguinte) repetir 6 vezes [42]
Vlt 8: (pb nos próximos 6 pt, aum no pt seguinte) repetir 6 vezes [48]
Vlt 9: (pb nos próximos 7 pt, aum no pt seguinte) repetir 6 vezes [54]
Vlt 10: (pb nos próximos 8 pt, aum no pt seguinte) repetir 6 vezes [60]
Continue trabalhando alternando os fios (azul-petróleo e off-white). A cor que você deve trabalhar será indicada antes de cada parte.
Vlt 11: (azul-petróleo) pb nos próximos 21 pt, (off-white) pb nos próximos 6 pt, (azul-petróleo) pb nos próximos 6 pt, (off-white) pb nos próximos 6 pt, (azul-petróleo) pb nos próximos 21 pt [60]
Vlt 12: (azul-petróleo) pb nos próximos 20 pt, (off-white) pb nos próximos 8 pt, (azul-petróleo) pb nos próximos 4 pt, (off-white) pb nos próximos 8 pt, (azul-petróleo) pb nos próximos 20 pt [60]
Vlt 13: (azul-petróleo) pb nos próximos 19 pt, (off-white) pb nos próximos 10 pt,

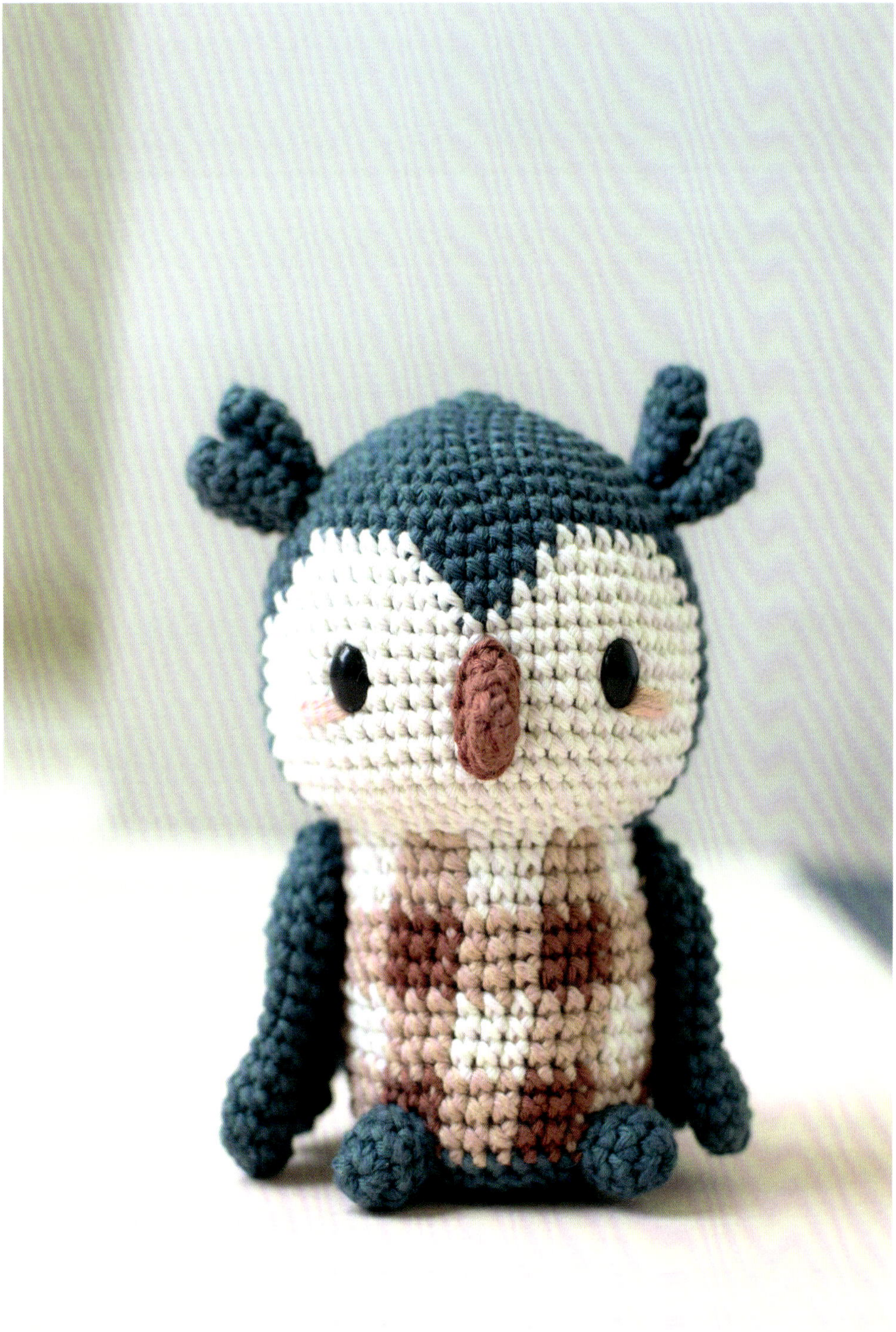

(azul-petróleo) pb nos próximos 2 pt, (off-white) pb nos próximos 10 pt, (azul-petróleo) pb nos próximos 19 pt [60]

Vlt 14-21: (azul-petróleo) pb nos próximos 18 pt, (off-white) pb nos próximos 24 pt, (azul-petróleo) pb nos próximos 18 pt [60]

Costure o bico entre as voltas 15 e 19 no meio do trecho off-white. Insira os olhos com trava entre as voltas 16 e 17 com 5 pontos de distância do bico. Borde as bochechas atrás dos olhos com rosa pastel.

Vlt 22: (azul-petróleo) (pb no próximo pt, dim) repetir 6 vezes, (off-white) (pb no próximo pt, dim) repetir 8 vezes, (azul-petróleo) (pb no próximo pt, dim) repetir 6 vezes [40]

Vlt 23: (azul-petróleo) (pb nos próximos 2 pt, dim) repetir 3 vezes, (off-white) (pb nos próximos 2 pt, dim) repetir 4 vezes, (azul-petróleo) (pb nos próximos 2 pt, dim) repetir 3 vezes [30]

Encha bem a cabeça com fibra acrílica. Continue no padrão jacquard, alternando os fios off-white, rosa pastel e vermelho-antigo (veja o diagrama).

Vlt 24: (off-white) pb nos próximos 3 pt, (rosa pastel) pb no próximo pt, aum no ponto seguinte) repetir 6 vezes [36]

Vlt 25-35: pb em todos os 36 pt [36]
Troque para azul-petróleo.

Vlt 36: pb em todos os 36 pt [36]

Vlt 37: (pb nos próximos 4 pt, dim) repetir 6 vezes [30]

Vlt 38: (pb nos próximos 3 pt, dim) repetir 6 vezes [24]

Vlt 39: (pb nos próximos 2 pt, dim) repetir 6 vezes [18]

Encha bem o corpo com fibra acrílica.

Vlt 40: (pb no próximo pt, dim) repetir 6 vezes [12]

Vlt 41: dim 6 vezes [6]

Arremate deixando um pedaço longo de fio para costura para fechar os últimos 6 pt. Utilize uma agulha de costura para esconder o fio passando pela laçada da frente dos pontos que restaram e puxe com força para fechar. Esconda o resto do fio.

ASAS

(faça 2 em azul-petróleo)
Vlt 1: inicie com 6 pb em um anel mágico [6]
Vlt 2: aum em todos os 6 pt [12]
Vlt 3: (pb no próximo pt, aum no pt seguinte) repetir 6 vezes [18]
Vlt 4: (pb nos próximos 2 pt, aum no pt seguinte) repetir 6 vezes [24]
Vlt 5-10: pb em todos os 24 pt [24]
Vlt 11: (pb no próximo pt, aum no pt seguinte) repetir 12 vezes [36]
Agora vamos dividir as asas para fazer 3 penas, usando 12 pontos para cada pena (veja as referências nas fotos da página 96).

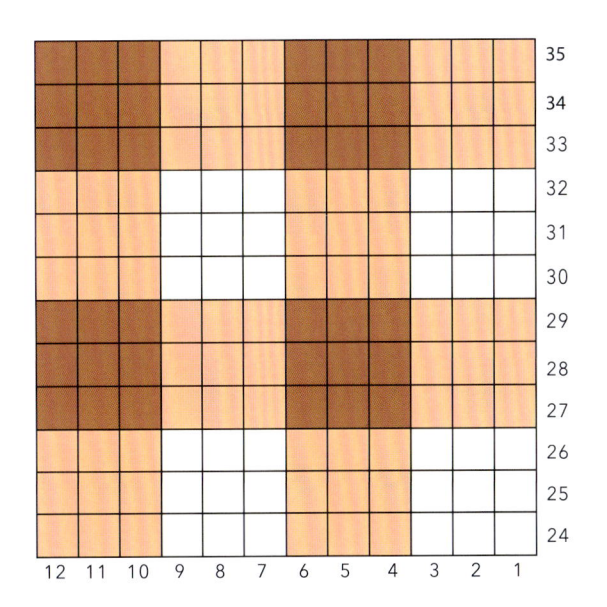

PRIMEIRA PENA
Vlt 1: pb nos próximos 6 pt, una o último ponto ao ponto 31º da volta anterior com um pb. Este pb será o primeiro ponto da próxima volta.
Vlt 2: pb em todos os 12 pt [12]
Vlt 3: dim 6 vezes [6]
Arremate deixando um pedaço longo de fio para fechar os últimos 6 pt. Utilize uma agulha de tapeçaria para esconder o fio passando pela laçada da frente dos pontos que restaram e puxe com força para fechar. Esconda o resto do fio.

SEGUNDA PENA
Una novamente o fio azul-petróleo no ponto à esquerda da primeira pena.
Vlt 1: pb nos próximos 6 pt e unir o último ponto ao 6º ponto do lado direito da primeira pena. Este pt será o primeiro ponto da próxima volta.
Vlt 2-3: repetir as voltas 2-3 da primeira pena.
Arremate deixando um pedaço longo de fio para fechar os últimos 6 pt. Utilize uma agulha de tapeçaria para esconder o fio passando pela laçada da frente dos pontos que restaram e puxe com força para fechar. Esconda o resto do fio.

TERCEIRA PENA:
Una novamente o fio azul-petróleo no ponto à esquerda da segunda pena.
Vlt 1-2: pb em todos os 12 pt [12]
Vlt 3: dim 6 vezes [6]
Arremate deixando um pedaço longo de fio para fechar os últimos 6 pt. Utilize uma agulha de tapeçaria para esconder o fio passando pela laçada da frente dos pontos que restaram e puxe com força para fechar. Esconda o resto do fio. Costure as asas no corpo.

TUFOS DAS ORELHAS

(faça 4 em azul-petróleo)
Vlt 1: inicie com 8 pb em um anel mágico [8]
Vlt 2-5: pb em todos os 8 pt [8]
Arremate deixando um pedaço longo de fio. Não encha. Costure os tufos, 2 em cada lado da cabeça.

PÉS

(faça 2 em azul-petróleo)
Vlt 1: inicie com 8 pb em um anel mágico [8]
Vlt 2-3: pb em todos os 8 pt [8]
Arremate deixando um pedaço longo de fio. Encha um pouco com fibra acrílica. Costure os pés na frente, entre as voltas 34 e 36.

RABO

(em azul-petróleo)
Vlt 1: inicie com 6 pb em um anel mágico [6]
Vlt 2: aum em todos os 6 pt [12]
Vlt 3: (pb no próximo pt, aum no pt seguinte) repetir 6 vezes [18]
Vlt 4-9: pb em todos os 18 pt [18]
Arremate deixando um pedaço longo de fio. Use rosa pastel para bordar o rabo.

79

Otis Preguiça

Otis teve muita dificuldade em descobrir o que queria da vida. Ele é um cara muito paciente (sim, alguns estereótipos são reais), mas ele estava ficando cada vez mais entediado de não fazer nada. Primeiro, ele tentou ser DJ, mas ele não curtia muito essa música moderna e alta demais. Então ele tentou trabalhar em um restaurante, porém seus clientes tinham um triste hábito de querer a comida ainda quente. Otis decidiu esperar até que a próxima oportunidade se apresentasse a ele (muito estresse não é bom para sua complexidade) e, vai saber, um novo emprego podia aparecer. Sua amiga Lupita Macaca-aranha disse a Otis que precisava de alguém que ficasse de olho no seu observatório à noite. E foi assim que Otis conheceu seu emprego dos sonhos, olhando a noite estrelada enquanto deita em um galho confortável.

NÍVEL DE HABILIDADE ★★

Tamanho:
30 cm de altura quando feito com o fio indicado

Materiais:
- Fio worsted em
  · marrom mink
  · off-white
  · rosa pastel
  · cinza-escuro
  · amarelo
  · azul-claro
  · cinza-esverdeado
  · preto
- Fio Fingering em
  · off-white
- Agulha de crochê tamanho 2 mm
- Agulha de crochê tamanho 2,75 mm
- Agulha de crochê tamanho 3,25 mm
- Olho preto com trava (10 mm)
- Fibra acrílica

Habilidades necessárias:
anel mágico (p. 32), trabalhando ao redor de uma corrente de base (p. 34), trocando de cor no início da volta (p. 35), trocando de cor no meio da volta (p. 35), trabalhando em carreiras, bordado (p. 38), unindo partes (p. 39)

Nota: Use uma agulha de crochê 2,75 mm a não ser quando indicado outro tamanho de agulha.

Nota: A cabeça e o corpo são trabalhados juntos em uma peça.

NARIZ

(em cinza-escuro)
Vlt 1: inicie com 6 pb em um anel mágico [6]
Vlt 2: aum em todos os 6 pt [12]
Vlt 3-6: pb em todos os 12 pt [12]
Vlt 7: (pb nos próximos 3 pt, aum no pt seguinte) repetir 3 vezes [15]
Vlt 8: pb em todos os 15 pt [15]
Arremate deixando um pedaço longo de fio para a costura. Borde o nariz entre as carreiras 4 e 5 sobre 4 pontos com fio preto. Borde a boca com fio preto. Achate o nariz, não precisa encher.

BOCHECHAS

(faça 2 em rosa pastel)
Vlt 1: inicie com 8 pb em um anel mágico [8]
Pbx no próximo pt. Arremate deixando um pedaço longo de fio para a costura.

CABEÇA E CORPO

(inicie com marrom mink)
Vlt 1: inicie com 6 pb em um anel mágico [6]
Vlt 2: aum em todos os 6 pt [12]
Vlt 3: (pb no próximo pt, aum no pt seguinte) repetir 6 vezes [18]
Vlt 4: (pb no próximo pt, aum no pt seguinte) repetir 9 vezes [27]
Vlt 5: (pb nos próximos 2 pt, aum no pt seguinte) repetir 9 vezes [36]
Vlt 6: (pb nos próximos 3 pt, aum no pt seguinte) repetir 9 vezes [45]
Vlt 7: (pb nos próximos 4 pt, aum no pt seguinte) repetir 9 vezes [54]
Vlt 8: (pb nos próximos 8 pt, aum no pt seguinte) repetir 6 vezes [60]
Vlt 9: pb em todos os 60 pt [60]
Continue trabalhando alternando os fios (marrom mink e off-white). A cor que você deve trabalhar será indicada antes de cada parte.
Vlt 10: (mink) pb nos próximos 21 pt, (off-white) pb nos próximos 18 pt, (mink) pb nos próximos 21 pt [60]

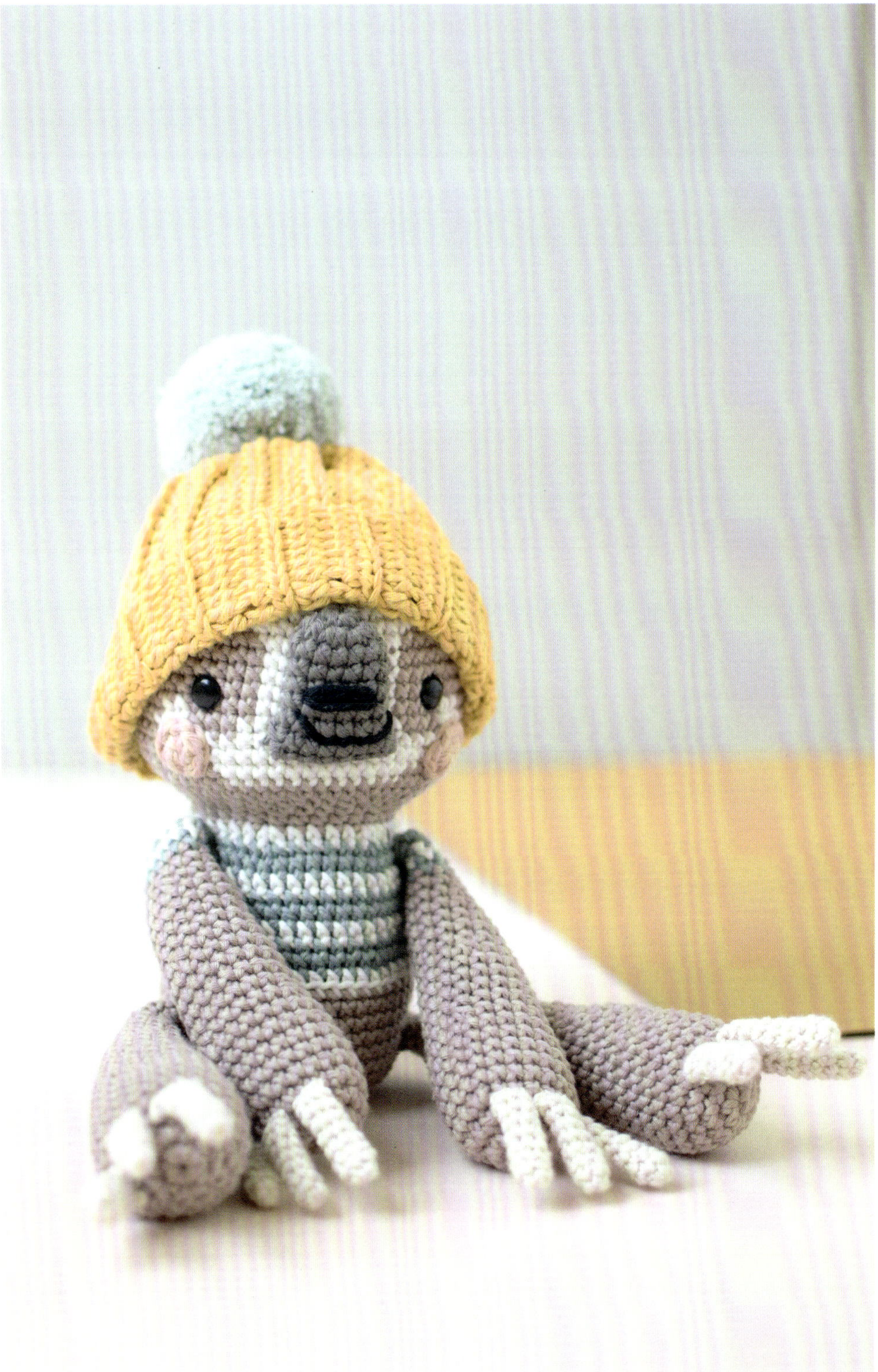

Vlt 11: (mink) pb nos próximos 20 pt, (off-white) pb nos próximos 20 pt, (mink) pb nos próximos 20 pt [60]
Vlt 12: (mink) pb nos próximos 18 pt, (off-white) pb nos próximos 4 pt, (mink) pb nos próximos 3 pt, (off-white) pb nos próximos 10 pt, (mink) pb nos próximos 3 pt, (off-white) pb nos próximos 4 pt, (mink) pb nos próximos 18 pt [60]
Vlt 13: (mink) pb nos próximos 18 pt, (off-white) pb nos próximos 2 pt, (mink) pb nos próximos 6 pt, (off-white) pb nos próximos 8 pt, (mink) pb nos próximos 6 pt, (off-white) pb nos próximos 2 pt, (mink) pb nos próximos 18 pt [60]
Vlt 14-16: (mink) pb nos próximos 26 pt, (off-white) pb nos próximos 8 pt, (mink) pb nos próximos 26 pt [60]
Vlt 17: (mink) pb nos próximos 20 pt, (off-white) pb nos próximos 2 pt, (mink) pb nos próximos 4 pt, (off-white) pb nos próximos 8 pt, (mink) pb nos próximos 4 pt, (off-white) pb nos próximos 2 pt, (mink) pb nos próximos 20 pt [60]
Vlt 18: (mink) pb nos próximos 19 pt, (off-white) pb nos próximos 3 pt, (mink) pb nos próximos 3 pt, (off-white) pb nos próximos 10 pt, (mink) pb nos próximos 3 pt, (off-white) pb nos próximos 3 pt, (mink) pb nos próximos 19 pt [60]
Vlt 19: (mink) pb nos próximos 20 pt, (off-white) pb nos próximos 20 pt, (mink) pb nos próximos 20 pt [60]
Vlt 20: (mink) pb nos próximos 22 pt, (off-white) pb nos próximos 16 pt, (mink) pb nos próximos 22 pt [60]
Vlt 21: (mink) pb nos próximos 24 pt, (off-white) pb nos próximos 12 pt, (mink) pb nos próximos 24 pt [60]. Continue com o mink.
Vlt 22: pb em todos os 60 pt [60]
Vlt 23: (pb nos próximos 3 pt, dim) repetir 12 vezes [48]
Vlt 24: (pb nos próximos 2 pt, dim) repetir 12 vezes [36]
Costure o nariz no meio do segmento off-white, entre as voltas 11 e 20. Insira os olhos com trava entre as voltas 16 e 17, a 4 pontos de distância do nariz. Costure as bochechas.
Vlt 25: (pb nos próximos 4 pt, dim) repetir 6 vezes [30]
Vlt 26: pb em todos os 30 pt [30]

Encha bem a cabeça. Continue no padrão listrado, alternando 1 volta em off-white e 2 voltas em cinza-esverdeado.
Vlt 27: (pb nos próximos 4 pt, aum no pt seguinte) repetir 6 vezes [36]
Vlt 28: (pb nos próximos 5 pt, aum no pt seguinte) repetir 6 vezes [42]
Vlt 29-34: pb em todos os 42 pt [42]
Vlt 35: (pb nos próximos 6 pt, aum no pt seguinte) repetir 6 vezes [48]
Vlt 36: pb em todos os 48 pt [48]
Troque para marrom mink.
Vlt 37: pb laç atrás em todos os 48 pt [48]
Vlt 38-42: pb em todos os 48 pt [48]
Vlt 43: (pb nos próximos 6 pt, dim) repetir 6 vezes [42]
Vlt 44: (pb nos próximos 5 pt, dim) repetir 6 vezes [36]
Vlt 45: (pb nos próximos 4 pt, dim) repetir 6 vezes [30]
Vlt 46: (pb nos próximos 3 pt, dim) repetir 6 vezes [24]
Vlt 47: (pb nos próximos 2 pt, dim) repetir 6 vezes [18]
Encha bem o corpo com fibra acrílica.
Vlt 48: (pb no próximo pt, dim) repetir 6 vezes [12]
Vlt 49: dim 6 vezes [6]
Arremate deixando um pedaço longo de fio. Utilize uma agulha de tapeçaria para esconder o fio passando pela laçada da frente dos pontos que restaram e puxe com força para fechar. Esconda o resto do fio.

PERNAS

(faça 2 em marrom mink)
Vlt 1: inicie com 6 pb em um anel mágico [6]
Vlt 2: aum em todos os 6 pt [12]
Vlt 3: (pb no próximo pt, aum no pt seguinte)
repetir 6 vezes [18]
Vlt 4: (pb nos próximos 2 pt, aum no pt seguinte)
repetir 6 vezes [24]
Vlt 5-8: pb em todos os 24 pt [24]
Vlt 9: (pb nos próximos 6 pt, dim)
repetir 3 vezes [21]
Vlt 10-12: pb em todos os 21 pt [21]
Vlt 13: (pb nos próximos 5 pt, dim)
repetir 3 vezes [18]
Vlt 14-16: pb em todos os 18 pt [18]
Vlt 17: (pb nos próximos 4 pt, dim)
repetir 3 vezes [15]
Vlt 18-20: pb em todos os 15 pt [15]
Encha com fibra acrílica e continue enchendo conforme vai trabalhando.
Vlt 21: (pb nos próximos 3 pt, dim)
repetir 3 vezes [12]
Vlt 22-27: pb em todos os 12 pt [12]
Arremate deixando um pedaço longo de fio para a costura. Encha um pouco mais se necessário. Costure as pernas dos dois lados entre as carreiras 41 e 42.

BRAÇOS

(faça 2 em marrom mink)
Vlt 1: inicie com 6 pb em um anel mágico [6]
Vlt 2: aum em todos os 6 pt [12]
Vlt 3: (pb no próximo pt, aum no pt seguinte)
repetir 6 vezes [18]
Vlt 4: (pb nos próximos 5 pt, aum no pt seguinte)
repetir 3 vezes [21]
Vlt 5-9: pb em cada um dos 21 pt [21]
Vlt 10: (pb nos próximos 5 pt, dim) repetir 3 vezes [18]
Vlt 11-14: pb em cada um dos 18 pt [18]

Vlt 15: (pb nos próximos 4 pt, dim)
repetir 3 vezes [15]
Vlt 16-19: pb em cada um dos 15 pt [15]
Vlt 20: (pb nos próximos 3 pt, dim)
repetir 3 vezes [12]
Vlt 21: pb em cada um dos 12 pt [12]
Troque para cinza-esverdeado. Continue trabalhando em padrão listrado, alternando 1 volta em off-white e 2 voltas em cinza-esverdeado.
Vlt 22-24: pb em todos os 12 pt [12]
Vlt 25: (pb nos próximos 2 pt, dim)
repetir 3 vezes [9]
Arremate deixando um pedaço longo de fio para a costura. Encha com fibra acrílica. Costure os braços dos dois lados entre as voltas 28 e 29.

DEDOS

(com fio fingering e agulha tamanho 2 mm, faça 12 em off-white)
Vlt 1: inicie com 6 pb em um anel mágico [6]
Vlt 2-8: pb em todos os 6 pt [6]
Arremate deixando um pedaço longo de fio para a costura. Não encha. Costure 3 dedos em cada braço e 3 dedos em cada perna.

CHAPÉU

(em amarelo, usando a agulha tamanho 3,25 mm)
32 corr. Trabalhe em carreiras.
Carr 1: inicie na terceira corr a partir da agulha, pma nos próximos 30 pt, 2 corr, virar [30]
Carr 2-27: pma laç atrás em todos os 30 pt, 2 corr, virar [30]
Carr 28: pma laç atrás em todos os 30 pt [30]

Arremate deixando um pedaço longo de fio para a costura. Você terá um retângulo em crochê. Utilize uma agulha de tapeçaria e segure as carreiras 1 a 28 juntas. Costure início e fim juntos. Não aperte. Com o mesmo fio, passe pela lateral das carreiras no topo do tubo. Puxe bem apertado para franzir e esconda os fios costurando para fechar o topo do gorro. Vire o gorro para o lado avesso. Com azul-claro, faça um pompom de 5 cm e costure no topo do gorro.

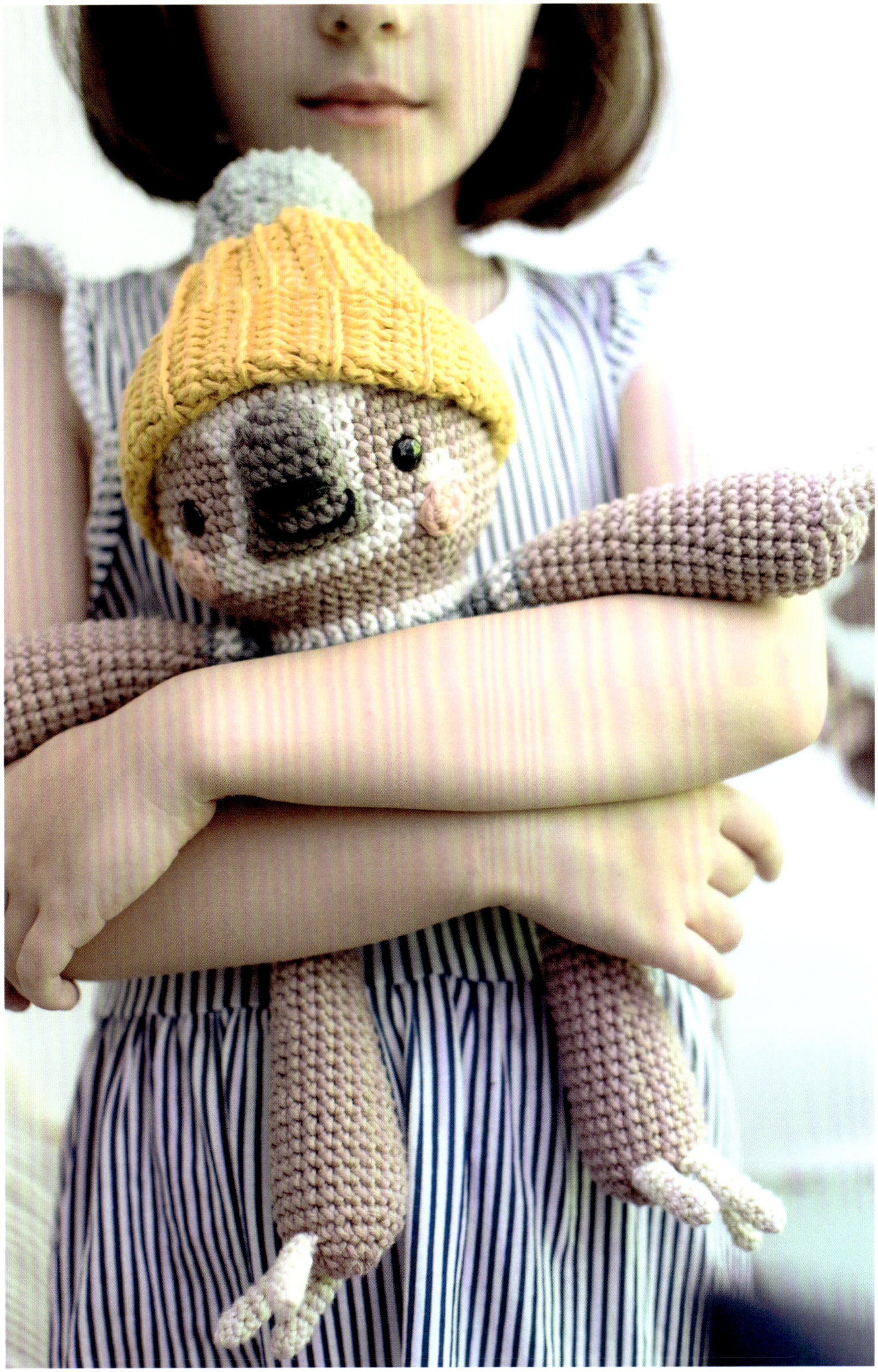

Henriette Zebra

Henriette nasceu longe de uma cidade que nunca dorme, mas logo ela se viu estudando e trabalhando em galerias de arte em Nova York. Henriette se sente feliz caminhando de salto alto pelas ruas agitadas e até meio fedidas, observando todos os tipos de criaturas do mundo todo. Porém, ela também ama sentir o gosto dos pratos que ela comia na sua casa quando criança. Alguns meses atrás, ela ligou para sua avó para pedir algumas receitas que ela sabia. Como a sua avó jurou que nunca colocaria os pés naquela cidade, Henriette se desafia a ser a melhor cozinheira de jambalaya e gombô de Nova York. Quem sabe ela acabará abrindo um pequeno restaurante onde todo mundo poderá falar de arte até o amanhecer.

NÍVEL DE HABILIDADE **

Tamanho:
35 cm de altura quando feito com o fio indicado (contando com as orelhas)

Materiais:
– Fio worsted em
 · off-white
 · grafite
 · cinza-claro
– Fio fingering em
 · rosa pastel
 · marrom
 · mostarda
– Agulha de crochê tamanho 2,75 mm
– Olho preto com trava (12 mm, oval)
– Fibra acrílica

Habilidades necessárias:
anel mágico (p. 32), trabalhando ao redor de uma corrente de base (p. 34), trocando de cor no início da carreira (p. 35), dividindo o corpo em duas partes (p. 47), trabalhando em carreiras, bordado (p. 38), unindo partes (p. 39).

Nota : Use uma agulha tamanho 2,75 mm tanto para o fio worsted quanto para fingering (para a blusa e para as calças).

CABEÇA

(inicie com cinza-claro)
Vlt 1: inicie com 6 pb em um anel mágico [6]
Vlt 2: aum em todos os 6 pt [12]
Vlt 3: (pb no próximo pt, aum no pt seguinte) repetir 6 vezes [18]
Vlt 4: (pb nos próximos 2 pt, aum no pt seguinte) repetir 6 vezes [24]
Vlt 5: (pb nos próximos 3 pt, aum no pt seguinte) repetir 6 vezes [30]
Vlt 6-11: pb em todos os 30 pt [30]. Troque para o off-white
Vlt 12: pb nos próximos 12 pt, aum nos próximos 6 pt, pb nos próximos 12 pt [36]
Vlt 13: pb em todos os 36 pt [36]. Troque para o grafite
Vlt 14: pb nos próximos 13 pt, (aum no próximo pt, pb no ponto seguinte) repetir 6 vezes, pb nos próximos 11 pt [42]
Continue trabalhando em padrão listrado, alternando 5 voltas em off-white e 1 volta em grafite.
Vlt 15: pb em todos os 42 pt [42]
Vlt 16: pb nos próximos 14 pt, (aum no ponto seguinte, pb nos próximos 2 pt) repetir 6 vezes, pb nos próximos 10 pt [48]
Vlt 17: pb em todos os 48 pt [48]
Vlt 18: pb nos próximos 15 pt, (aum no pt seguinte, pb nos próximos 3 pt) repetir 6 vezes, pb nos próximos 9 pt [54]
Vlt 19-29: pb em todos os 54 pt [54]
Insira os olhos com trava entre as carreiras 22 e 23, com um espaço de 26 pontos entre eles. Borde as bochechas atrás dos olhos com fio rosa pastel.
Vlt 30: (pb nos próximos 7 pt, dim) repetir 6 vezes [48]
Vlt 31: pb em todos os 48 pt [48]
Vlt 32: (pb nos próximos 6 pt, dim) repetir 6 vezes [42]
Vlt 33: (pb nos próximos 5 pt, dim) repetir 6 vezes [36]
Vlt 34: (pb nos próximos 4 pt, dim) repetir 6 vezes [30]
Vlt 35: (pb nos próximos 3 pt, dim) repetir 6 vezes [24]
Encha bem a cabeça com fibra acrílica.
Vlt 36: (pb nos próximos 2 pt, dim) repetir 6 vezes [18]
Vlt 37: (pb no próximo pt, dim) repetir 6 vezes [12]
Vlt 38: dim 6 vezes [6]
Arremate deixando um pedaço longo de fio. Utilize uma agulha de tapeçaria para esconder o fio passando pela laçada da frente dos pontos que restaram e puxe com força para fechar. Esconda o resto do fio.

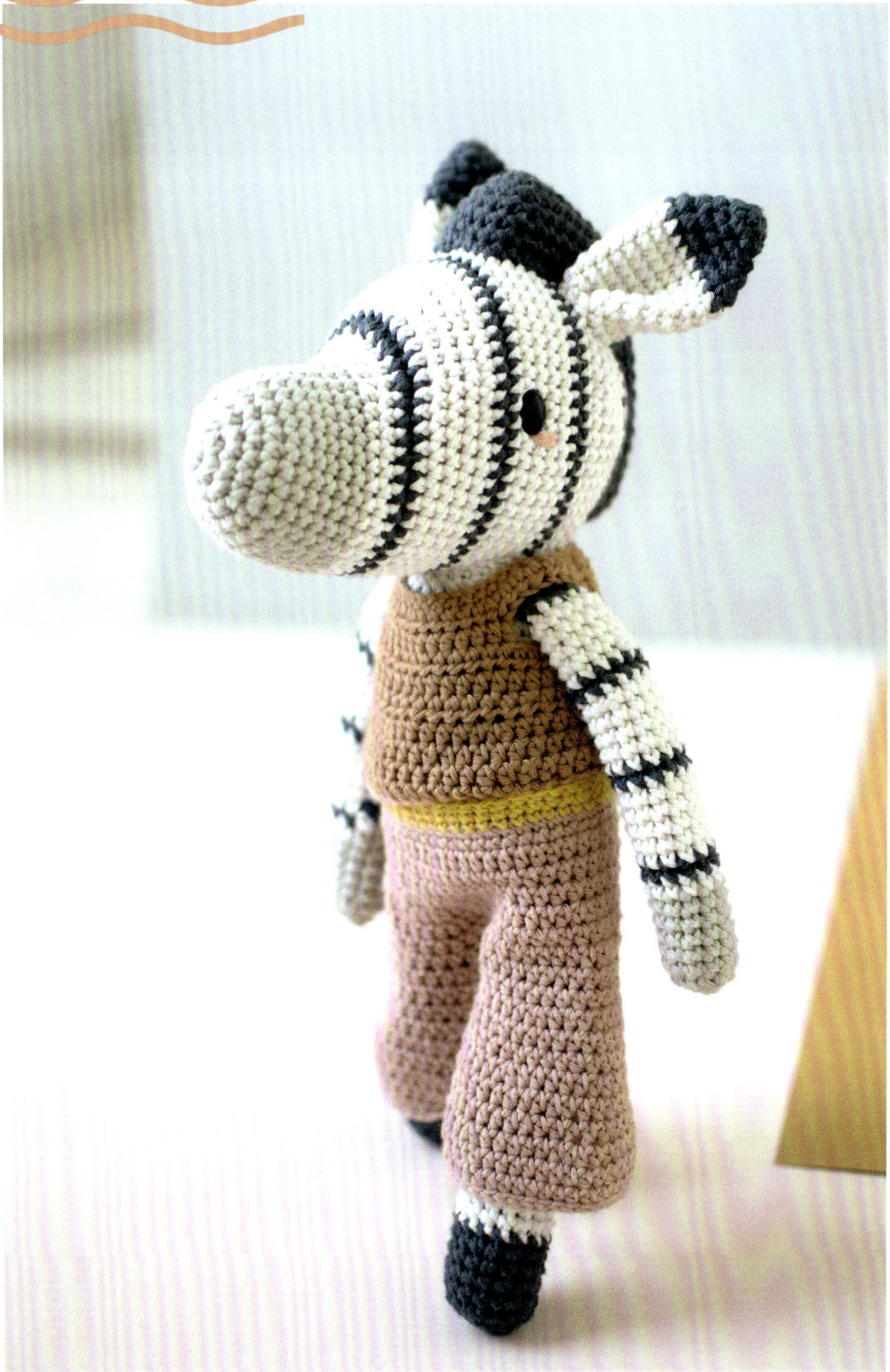

JUBA

(em grafite)

23 corr. Os pontos são trabalhados ao redor da corrente de base.

Vlt 1: inicie na segunda corr a partir da agulha, aum neste pt, pb nos próximos 20 pt, 4 pb no próximo pt. Continue do outro lado da corrente de base, pb nos próximos 20 pt, aum no próximo pt [48]

Vlt 2: aum nos próximos 2 pt, pb nos próximos 20 pt, aum nos próximos 4 pt, pb nos próximos 20 pt, aum nos próximos 2 pt [56]

Vlt 3-6: pb em todos os 56 pt [56]

Arremate deixando um pedaço longo de fio para a costura. Costure a juba de frente para trás da cabeça e encha enquanto costura.

CORPO

(inicie com off-white)

Deixe um fio longo para começar. 27 corr. Certifique-se de que a corrente não está torcida. Insira a agulha na primeira corrente e una um círculo com um pbx. Siga trabalhando em espiral.

Vlt 1-2: pb em todos os 27 pt [27]

Troque para grafite.

Vlt 3: (pb nos próximos 8 pt, aum no pt seguinte) repetir 3 vezes [30]

Continue trabalhando em padrão listrado, alternando 5 voltas em off-white e 1 volta em grafite.

Vlt 4-6: pb em todos os 30 pt [30]

Vlt 7: (pb nos próximos 4 pt, aum no pt seguinte) repetir 6 vezes [36]

Vlt 8-11: pb em todos os 36 pt [36]

Vlt 12: (pb nos próximos 8 pt, aum no pt seguinte) repetir 4 vezes [40]

Vlt 13-22: pb em todos os 40 pt [40]

PERNAS

Para fazer as pernas, divida o trabalho identificando 4 pontos centrais para o espaço central entre as pernas, 4 pontos centrais para as costas e 16 pontos para cada perna (você pode usar marcadores para lhe ajudar). Una o último ponto para a perna da parte da frente com a parte das costas, trabalhando em ponto baixo (este ponto baixo será o primeiro da perna). Agora os pontos da primeira perna estão unidos. Continue trabalhando a primeira perna.

Vlt 23-26: pb em todos os 16 pt [16]

Continue trabalhando em padrão listrado, alternando 1 volta em grafite e 5 voltas em off-white.

Vlt 27-44: pb em todos os 16 pt [16]

Troque para o fio grafite.

Vlt 45-49: pb em todos os 16 pt [16]

Encha bem o corpo e a perna.

Vlt 50: (pb nos próximos 2 pt, dim) repetir 4 vezes [12]

Vlt 51: dim 6 vezes [6]

Arremate deixando um pedaço longo de fio. Utilize uma agulha de tapeçaria para esconder o fio passando pela laçada da frente dos pontos que restaram e puxe com força para fechar. Esconda o resto do fio.

SEGUNDA PERNA

Una novamente o fio off-white no quinto ponto não trabalhado na parte das costas da volta 22. Deixe um pedaço longo de fio. Aqui é onde começamos o primeiro ponto da perna.

Vlt 23: pb em todos os 16 pt. Ao chegar no 16º ponto, pb no primeiro ponto para unir o redondo [16]

Vlt 24-51: repetir o padrão da primeira perna.

Encha mais se necessário. Usando uma agulha de tapeçaria, costure e feche os 4 pontos entre as pernas. Costure a cabeça no corpo.

89

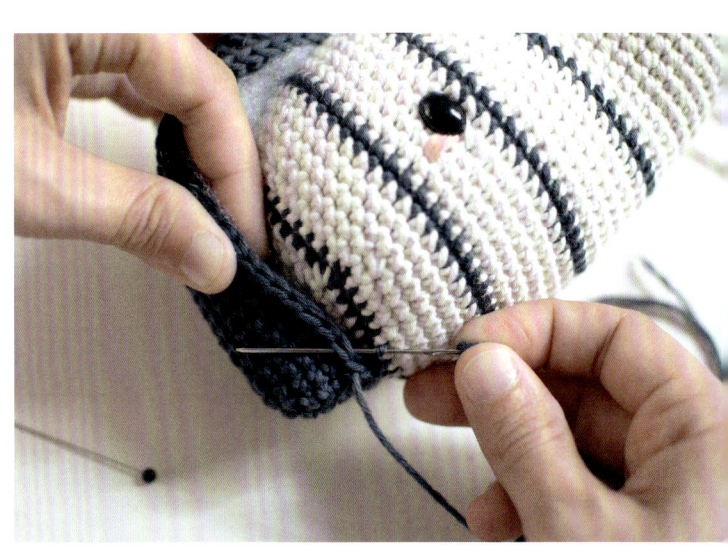

BRAÇOS

(faça 2, inicie com cinza-claro)
Vlt 1: inicie com 6 pb em um anel mágico [6]
Vlt 2: aum em todos os 6 pt [12]
Vlt 3-7: pb em todos os 12 pt [12]
Troque para o fio off-white.
Vlt 8: pb em todos os 12 pt [12]
Troque para o fio grafite.
Vlt 9: pb em todos os 12 pt [12]
Continue trabalhando em padrão listrado, alternando 5 voltas em off-white e 1 volta em grafite.
Vlt 10-26: pb em todos os 12 pt [12]
Vlt 27: (pb no próximo pt, dim) repetir 4 vezes [8]
Arremate deixando um pedaço longo de fio para a costura. Encha com fibra acrílica. Costure os braços dos dois lados entre as voltas 3 e 4.

ORELHAS

(faça 2, inicie em grafite)
Vlt 1: inicie com 6 pb em um anel mágico [6]
Vlt 2: pb em todos os 6 pt [6]
Vlt 3: aum em todos os 6 pt [12]
Vlt 4: pb em todos os 12 pt [12]
Vlt 5: (pb no próximo pt, aum no pt seguinte) repetir 6 vezes [18]
Vlt 6-13: pb em todos os 18 pt [18]
Arremate deixando um pedaço longo de fio para a costura. Não encha. Achate e puxe as orelhas. Costure as orelhas no topo da cabeça, entre as voltas 27 e 30, ao lado da juba.

BLUSA

(utilize o fio fingering e agulha de crochê tamanho 2,75 mm, inicie com marrom)
37 corr. Trabalhe em carreiras.
Carr 1: inicie na segunda corr a partir da agulha, pb nos próximos 36 pt, 2 corr, virar [36]
Carr 2: (pma nos próximos 5 pt, aum no ponto seguinte) repetir 6 vezes, 2 corr, virar [42]
Carr 3: pma nos próximos 7 pt, 6 corr, pular 6 pt, pma nos próximos 16 pt, 6 corr, pular 6 pt, pma nos próximos 7 pt, 2 corr, virar [42]
Carr 4-6: pma em todos os 42 pt, 2 corr, virar [42]
Carr 7: (pma nos próximos 6 pt, aum no pt seguinte) repetir 6 vezes [48]
Una o último ponto da carreira anterior ao primeiro ponto da próxima volta com um ponto meio alto (este pma será o primeiro ponto da próxima carreira). Agora os pontos estão unidos. Continue trabalhando circular.
Vlt 8-10: pma em todos os 48 pt [48]
Troque para rosa pastel.
Vlt 11: pb em todos os 48 pt [48]
Arremate e esconda os fios. Insira a agulha do lado esquerdo do decote, com o lado direito virado para você e puxe uma laçada de fio marrom. Faça ponto baixo ao redor do decote e da abertura da blusa, ao redor do pescoço, nas laterais do primeiro lado e nas laterais do outro lado. Arremate e esconda os fios.

CALÇAS

(use o fio fingering e agulha de crochê tamanho 2,75 mm em rosa pastel)
46 corr. Certifique-se de que sua corrente não está torcida. Insira a agulha na primeira corrente e una a corrente de base com um pbx. Continue trabalhando espiral.
Vlt 1-2: pb em todos os 46 pt [46]

Vlt 3: (pma nos próximos 22 pt, aum no pt seguinte) repetir 2 vezes [48]
Vlt 4-5: pma em todos os 48 pt [48]
Vlt 6: (pma nos próximos 3 pt, aum no pt seguinte) repetir 12 vezes [60]
Vlt 7-9: pma em todos os 60 pt [60]

PERNAS DAS CALÇAS
Para fazer as pernas das calças, divida o trabalho identificando 5 pontos centrais para o espaço central entre as pernas, 5 pontos centrais para as costas e 25 pontos para cada perna (você pode usar marcadores para lhe ajudar). Una o último ponto para a perna da parte da frente com a parte das costas, trabalhando em ponto baixo (este ponto meio alto será o primeiro da perna). Agora os pontos da primeira perna estão unidos. Continue trabalhando a primeira perna.
Vlt 10: pma em todos os 25 pt [25]
Vlt 11: (pma nos próximos 4 pt, aum no pt seguinte) repetir 5 vezes [30]
Vlt 12-13: pma em todos os 30 pt [30]
Vlt 14: (pma nos próximos 5 pt, aum no pt seguinte) repetir 5 vezes [35]
Vlt 15-16: pma em todos os 35 pt [35]
Vlt 17: (pma nos próximos 6 pt, aum no pt seguinte) repetir 5 vezes [40]
Vlt 18-19: pma em todos os 40 pt [40]
Se a trama ficar enviesada para um lado pode ser bom fazer mais alguns pontos antes de finalizar a volta de pbx. Deste modo, você consegue terminar a perna com um bom acabamento.
Vlt 20: pbx em todos os 40 pt [40]
Arremate e esconda os fios.

SEGUNDA PERNA DAS CALÇAS
Una novamente o fio rosa pastel no sexto ponto não trabalhado na parte das costas da volta 9. Aqui é onde começamos o primeiro ponto da perna.
Vlt 10-20: repetir o padrão da primeira perna.
Arremate e esconda os fios. Utilize uma agulha de tapeçaria e costure os 5 pontos entre as pernas.

CÓS
(em mostarda)
Una o fio mostarda no primeiro ponto da volta 1 das calças.
Vlt 1-3: pb em todos os 46 pt [46]
Arremate e esconda os fios.

Luisa Elefante

Ser uma elefanta não é nada fácil: é quase impossível caminhar em um lugar sem ser vista e você ainda tem que ser extremamente cuidadosa para não atropelar as coisas. Lulú, como os mais próximos a chamam, aprendeu que só pode visitar casas em que ela passa pela porta e só pode ir a cafés e restaurantes que aceitam seu belíssimo corpo... e nem vamos falar de transporte público. Luisa tem uma personalidade gigante e brilhante, mas não poder visitar tantos lugares a deixa muito triste. Por isso Luisa agora trabalha como arquiteta e urbanista e faz parte de um grupo de animais que trabalham duro todos os dias para mudar e melhorar a vida de animais grandes em cidades ao redor do mundo.

NÍVEL DE HABILIDADE
**

Tamanho:
31 cm de altura quando feito com o fio indicado

Materiais:
– Fio worsted em
 · azul-claro
 · off-white
 · vermelho-vivo
 · vermelho
 · azul França
 · amarelo-ocre
 · azul-marinho
 · rosa pastel
– Agulha de crochê tamanho 2,75 mm
– Olho preto com trava (8 mm)
– Fibra acrílica

Habilidades necessárias:
anel mágico (p. 32), trabalhando ao redor de uma corrente de base (p. 34), trocando de cor no início da volta (p. 35), dividindo o corpo em duas partes (p. 47), ponto cestaria pontudo (p. 29), unindo partes (p. 39), pompom

Nota: *A cabeça e o corpo são trabalhados juntos em uma peça..*

Nota: *Quando crochetar a tromba você pode usar a outra ponta do fio do novelo, para que não precise cortar seu fio ou comprar um novelo extra.*

CABEÇA E CORPO

(em azul-claro)
9 corr. Os pontos são trabalhados ao redor dos dois lados da corrente de base.
Vlt 1: inicie da segunda corrente a partir da agulha, aum neste pt, pb nos próximos 6 pt, 4 pb no próximo pt. Continue do outro lado da corrente de base, pb nos próximos 6 pt, aum no último pt [20]
Vlt 2: aum no próximo pt, pb nos próximos 8 pt, aum nos próximos 2 pt, pb nos próximos 8 pt, aum no último pt [24]
Vlt 3: pb no próximo pt, aum no pt seguinte, pb nos próximos 9 pt, aum no pt seguinte, pb no próximo pt, aum no pt seguinte, pb nos próximos 9 pt, aum no pt seguinte [28]
Vlt 4: pb nos próximos 2 pt, aum no pt seguinte, pb nos próximos 10 pt, aum no pt seguinte, pb nos próximos 2 pt, aum no pt seguinte, pb nos próximos 10 pt, aum no pt seguinte [32]
Vlt 5: pb nos próximos 3 pt, aum no pt seguinte, pb nos próximos 11 pt, aum no pt seguinte, pb nos próximos 3 pt, aum no pt seguinte, pb nos próximos 11 pt, aum no pt seguinte [36]
Vlt 6: (pb nos próximos 5 pt, aum no pt seguinte) repetir 6 vezes [42]
Vlt 7: (pb nos próximos 6 pt, aum no pt seguinte) repetir 6 vezes [48]
Vlt 8: (pb nos próximos 7 pt, aum no pt seguinte) repetir 6 vezes [54]
Vlt 9: (pb nos próximos 8 pt, aum no pt seguinte) repetir 6 vezes [60]
Nota: *O tecido começa a enviesar. Não se preocupe, isto vai se endireitar em algumas voltas.*
Vlt 10-14: pb em todos os 60 pt [60]
Vlt 15: pb nos próximos 8 pt, 12 corr, pular 12 pt, pb nos próximos 40 pt [60]
Vlt 16-21: pb em todos os 60 pt [60]
Vlt 22: (pb nos próximos 3 pt, dim) repetir 12 vezes [48]
Vlt 23: (pb nos próximos 2 pt, dim) repetir 12 vezes [36]
Vlt 24: (pb nos próximos 4 pt, dim) repetir 6 vezes [30]
Vlt 25: pb em todos os 30 pt [30]
Insira os olhos com trava entre as voltas 15 e 16 e com 3 pontos de distância da tromba. Borde as bochechas com rosa pastel. Continue trabalhando a tromba. Trabalhe em voltas dos dois lados da abertura da tromba, feito de 24 pontos entre as voltas 15 e 16.

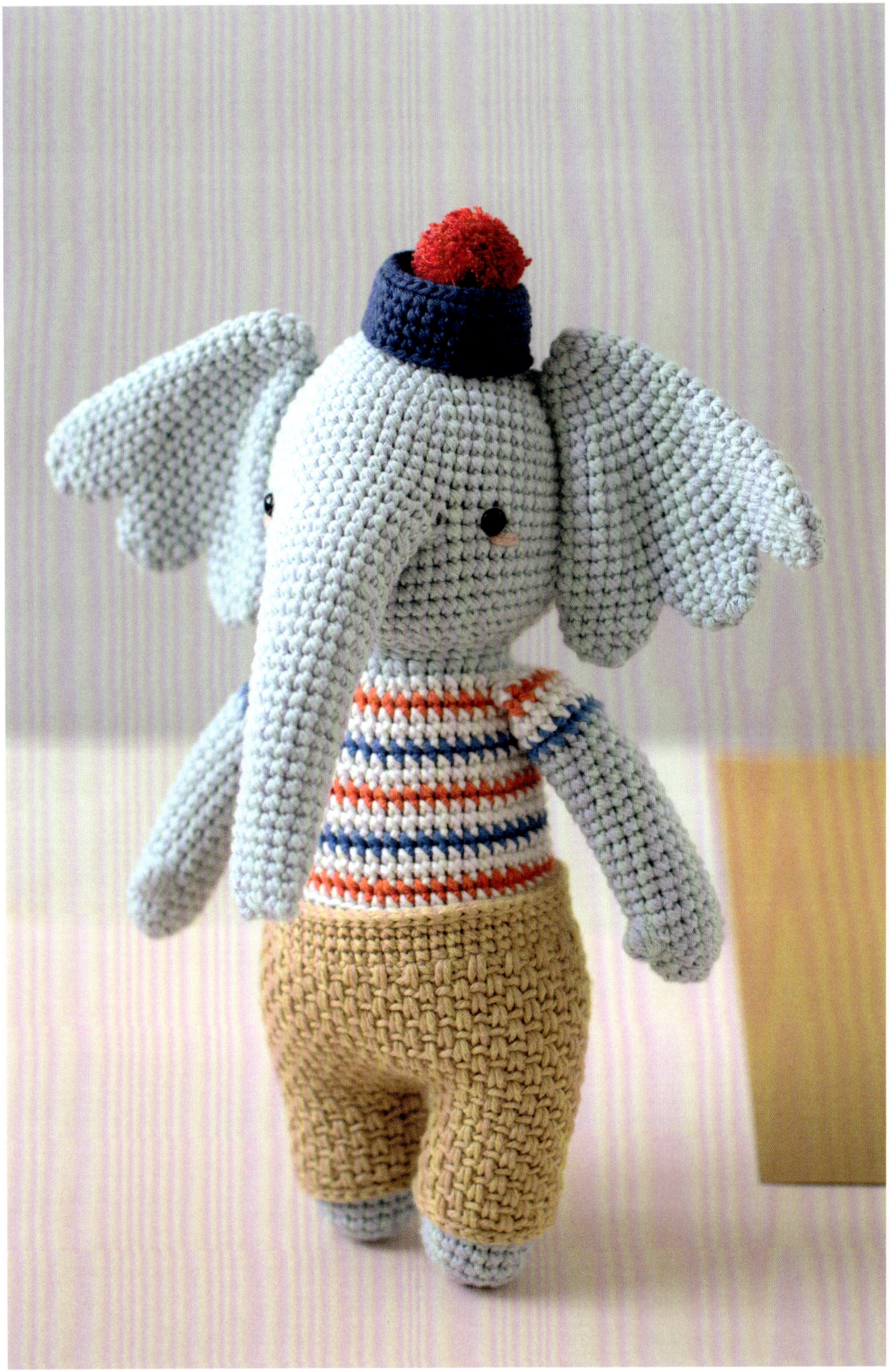

TROMBA

Una o fio azul-claro no primeiro ponto não trabalhado da volta 16. Aqui é o primeiro ponto do início da tromba.
Vlt 1-3: pb em todos os 24 pt [24]
Vlt 4: pb nos próximos 11 pt, dim, pb nos próximos 9 pt, dim [22]
Vlt 5-7: pb em todos os 22 pt [22]
Vlt 8: pb nos próximos 10 pt, dim, pb nos próximos 8 pt, dim [20]
Vlt 9-11: pb em todos os 20 pt [20]
Vlt 12: pb nos próximos 11 pt, dim, pb nos próximos 5 pt, dim [18]
Vlt 13-15: pb em todos os 18 pt [18]
Vlt 16: dim, pb nos próximos 9 pt, dim, pb nos próximos 5 pt [16]
Vlt 17-19: pb em todos os 16 pt [16]
Vlt 20: dim, pb nos próximos 8 pt, dim, pb nos próximos 4 pt [14]
Vlt 21-23: pb em todos os 14 pt [14]
Vlt 24: dim, pb nos próximos 7 pt, dim, pb nos próximos 3 pt [12]
Vlt 25-26: pb em todos os 12 pt [12]
Vlt 27: (pb no próximo pt, dim) repetir 4 vezes [8]
Arremate deixando um pedaço longo de fio para a costura. Encha bem a cabeça. Encha um pouco a tromba. Costure a abertura do final da tromba. Continue trabalhando o corpo.

CORPO

Continue trabalhando a partir da volta 25 do corpo.
Vlt 26: (pb nos próximos 4 pt, aum no pt seguinte) repetir 4 vezes, pb nos próximos 3 pt. Troque para o fio off-white, pb no próximo pt, aum no pt seguinte, pb nos próximos 4 pt, aum no pt seguinte [36]
Continue trabalhando em padrão listrado. Trabalhe 2 voltas em fio off-white, 1 em vermelho-vivo, 2 em off-white, 1 em azul França e repita. Finalize em uma volta em fio off-white.
Vlt 27: (pb nos próximos 5 pt, aum no pt seguinte) repetir 6 vezes [42]
Vlt 28-32: pb em todos os 42 pt [42]
Vlt 33: (pb nos próximos 6 pt, aum no pt seguinte) repetir 6 vezes [48]
Vlt 34-39: pb em todos os 48 pt [48]
Vlt 40: (pb nos próximos 7 pt, aum no pt seguinte) repetir 6 vezes [54]
Vlt 41: pb em todos os 54 pt [54]
Troque para o fio azul-claro.
Vlt 42: pb laç atrás em todos os 54 pt [54]
Vlt 43-45: pb em todos os 54 pt [54]
Vlt 46: (pb nos próximos 8 pt, aum no pt seguinte) repetir 6 vezes [60]
Vlt 47-51: pb em todos os 60 pt [60]
Vlt 52: (pb nos próximos 8 pt, dim) repetir 6 vezes [54]
Vlt 53-54: pb em todos os 54 pt [54]
Vlt 55: (pb nos próximos 7 pt, dim) repetir 6 vezes [48]
Vlt 56: pb em todos os 48 pt [48]

PERNAS

Para fazer as pernas, divida o trabalho identificando 4 pontos centrais para o espaço central entre as pernas, 4 pontos para as costas e 20 pontos para cada perna (você pode usar marcadores para lhe ajudar). Se as pernas não estão bem alinhadas com a cabeça, faça mais alguns pontos baixos no corpo ou desfaça alguns pontos. Una o último ponto para a perna da parte da frente com a parte das costas, trabalhando em ponto baixo (este ponto baixo será o primeiro da perna). Agora os pontos da primeira perna estão unidos. Continue trabalhando a primeira perna.
Vlt 57-68: pb em todos os 20 pt [20]
Encha bem o corpo e a perna.
Vlt 69: (pb nos próximos 2 pt, dim) repetir 5 vezes [15]
Vlt 70: (pb no próximo pt, dim) repetir 5 vezes [10]
Vlt 71: dim 5 vezes [5]
Arremate deixando um pedaço longo de fio. Utilize uma agulha de tapeçaria para esconder o fio passando pela laçada da frente dos pontos que restaram e puxe com força para fechar. Esconda o resto do fio.

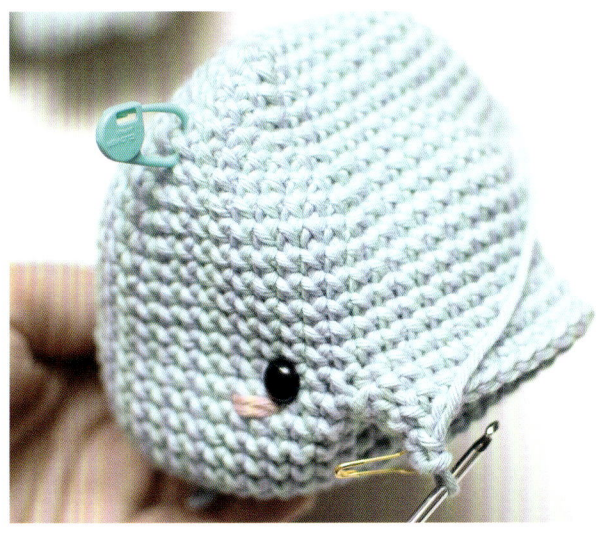

SEGUNDA PERNA
Una novamente o fio azul-claro no quinto ponto não trabalhado na parte das costas da volta 56. Deixe um pedaço longo de fio. Aqui é onde começamos o primeiro ponto da perna.

Vlt 57: pb em todos os 20 pt. Ao chegar no 20º ponto da perna, pb no primeiro ponto para unir o redondo [20]
Vlt 58-71: repetir o padrão da primeira perna.
Encha mais se necessário. Usando uma agulha de tapeçaria, costure e feche os 4 pontos entre as pernas.

BRAÇOS

(faça 2, inicie com azul-claro)
Vlt 1: inicie com 5 pb em um anel mágico [5]
Vlt 2: aum em todos os 5 pt [10]
Vlt 3: (pb no próximo pt, aum no pt seguinte) repetir 5 vezes [15]
Vlt 4-5: pb em todos os 15 pt [15]
Vlt 6: pb no próximo pt, bolha no próximo pt, pb nos próximos 13 pt [15]
Vlt 7-18: pb em todos os 15 pt [15]
Troque para o fio azul França e continue o mesmo padrão de listras que foi feito no corpo.
Vlt 19-22: pb em todos os 15 pt [15]
Vlt 23: (pb no próximo pt, dim) repetir 5 vezes [10]
Arremate deixando um pedaço longo de fio. Encha com fibra acrílica. Costure os braços dos dois lados entre as carreiras 26 e 27.

ORELHAS

(faça 2 em azul-claro)
Vlt 1: inicie com 6 pb em um anel mágico [6]
Vlt 2: aum em todos os 6 pt [12]
Vlt 3: pb em todos os 12 pt [12]
Vlt 4: (pb no próximo pt, aum no pt seguinte) repetir 6 vezes [18]
Vlt 5-6: pb em todos os 18 pt [18]
Vlt 7: (pb nos próximos 2 pt, aum no pt seguinte) repetir 6 vezes [24]
Vlt 8-9: pb em todos os 24 pt [24]
Vlt 10: (pb nos próximos 3 pt, aum no pt seguinte) repetir 6 vezes [30]
Vlt 11-12: pb em todos os 30 pt [30]
Vlt 13: (pb nos próximos 4 pt, aum no pt seguinte) repetir 6 vezes [36]
Vlt 14-15: pb em todos os 36 pt [36]
Vlt 16: (pb nos próximos 5 pt, aum no pt seguinte) repetir 6 vezes [42]
Vlt 17: pb em todos os 42 pt [42]
Não é necessário encher a orelha. Divida a orelha em três abas, usando 14 pontos para cada aba.

PRIMEIRA ABA DA ORELHA

Pb nos próximos 7 pt, pular 28 pt e unir o último pt ao 36º ponto da volta anterior com um pb.

Vlt 1-2: pb em todos os 14 pt [14]
Vlt 3: (pb em 5 pt, dim) repetir 2 vezes (12)
Vlt 4: dim 6 vezes [6]

Arremate deixando um pedaço longo de fio. Utilize uma agulha de tapeçaria para esconder o fio passando pela laçada da frente dos pontos que restaram e puxe com força para fechar. Esconda o resto do fio.

SEGUNDA ABA DA ORELHA

Una o fio azul-claro ao ponto à esquerda da primeira aba, pb nos próximos 7 pt e una ao sétimo ponto à direita da primeira aba.

Vlt 1-4: repetir o padrão da primeira aba.

Arremate deixando um pedaço longo de fio. Utilize uma agulha de tapeçaria para esconder o fio passando pela laçada da frente dos pontos que restaram e puxe com força para fechar. Esconda o resto do fio.

TERCEIRA ABA DA ORELHA

Una o fio azul-claro ao ponto à esquerda da segunda aba.

Vlt 1-4: repetir o padrão da primeira aba.

Arremate deixando um pedaço longo de fio. Utilize uma agulha de tapeçaria para esconder o fio passando pela laçada da frente dos pontos que restaram e puxe com força para fechar. Esconda o resto do fio.

Costure os lados compridos das orelhas na lateral da cabeça, entre as voltas 5 e 20.

CALÇAS

(em amarelo-ocre)
56 corr. Certifique-se de que sua corrente não está torcida. Insira a agulha na primeira corrente e una a corrente de base com um pbx. Continue trabalhando em espiral.
Vlt 1: pb em todos os 56 pt [56]
Vlt 2: (pb laç atrás no próximo pt, pontudo no próximo pt da volta anterior) repetir até o fim da volta [56]
Vlt 3: (pontudo no próximo pt da volta anterior, pb laç atrás no pt seguinte) repetir até o fim da volta [56]
Vlt 4-13: repetir as voltas 2 e 3

PERNAS DAS CALÇAS

Para fazer as pernas das calças, divida o trabalho identificando 4 pontos centrais para o espaço central entre as pernas, 4 pontos para as costas e 24 pontos para cada perna (você pode usar marcadores para lhe ajudar). Una o último ponto para a perna da parte da frente com a parte das costas, trabalhando em ponto baixo (este ponto baixo será o primeiro da perna). Agora que os pontos da primeira perna estão unidos. Continue trabalhando a primeira perna da calça.
Vlt 14: (pontudo no próximo pt da volta anterior, pb laç atrás no pt seguinte) repetir até o fim da volta [24]
Vlt 15: (pb laç atrás no próximo pt, pontudo no próximo pt da volta anterior) repetir até o fim da volta [24]
Vlt 16-19: repetir as carreiras 14 e 15.
Vlt 20: pbx em todos os 24 pt [24]
Arremate e esconda os fios.

SEGUNDA PERNA
Una novamente o fio amarelo-ocre no 5º ponto não trabalhado na parte das costas da volta 13. Deixe um pedaço longo de fio. Aqui é onde começamos o primeiro ponto da perna.
Vlt 14-20: repetir o padrão da primeira perna.
Arremate e esconda os fios.
Usando uma agulha de tapeçaria, costure e feche os 4 pontos entre as pernas.

CÓS
(em amarelo-ocre)
Una o fio amarelo-ocre no primeiro ponto da primeira carreira.
Vlt 1-3: pb em todos os 56 pt [56]
Vlt 4: pbx em todos os 56 pt [56]
Arremate e esconda os fios.

CHAPÉU

(em azul-marinho)
Vlt 1: inicie com 8 pb em um anel mágico [8]
Vlt 2: aum em todos os 8 pt [16]
Vlt 3: (pb no próximo pt, aum no pt seguinte) repetir 8 vezes [24]
Vlt 4: (pb nos próximos 2 pt, aum no pt seguinte) repetir 8 vezes [32]
Vlt 5: pb laç atrás em todos os 32 pt [32]
Vlt 6-8: pb em todos os 32 pt [32]
Pbx no próximo pt. Arremate e esconda os fios.
Una o fio azul-marinho na laçada da frente do primeiro pt da volta 5.
Pbx laç frente em todos os 32 pt. Arremate e esconda os fios.
Faça um pompom com 3,5 cm em vermelho e costure no topo do chapéu.
Costure o chapéu na cabeça.

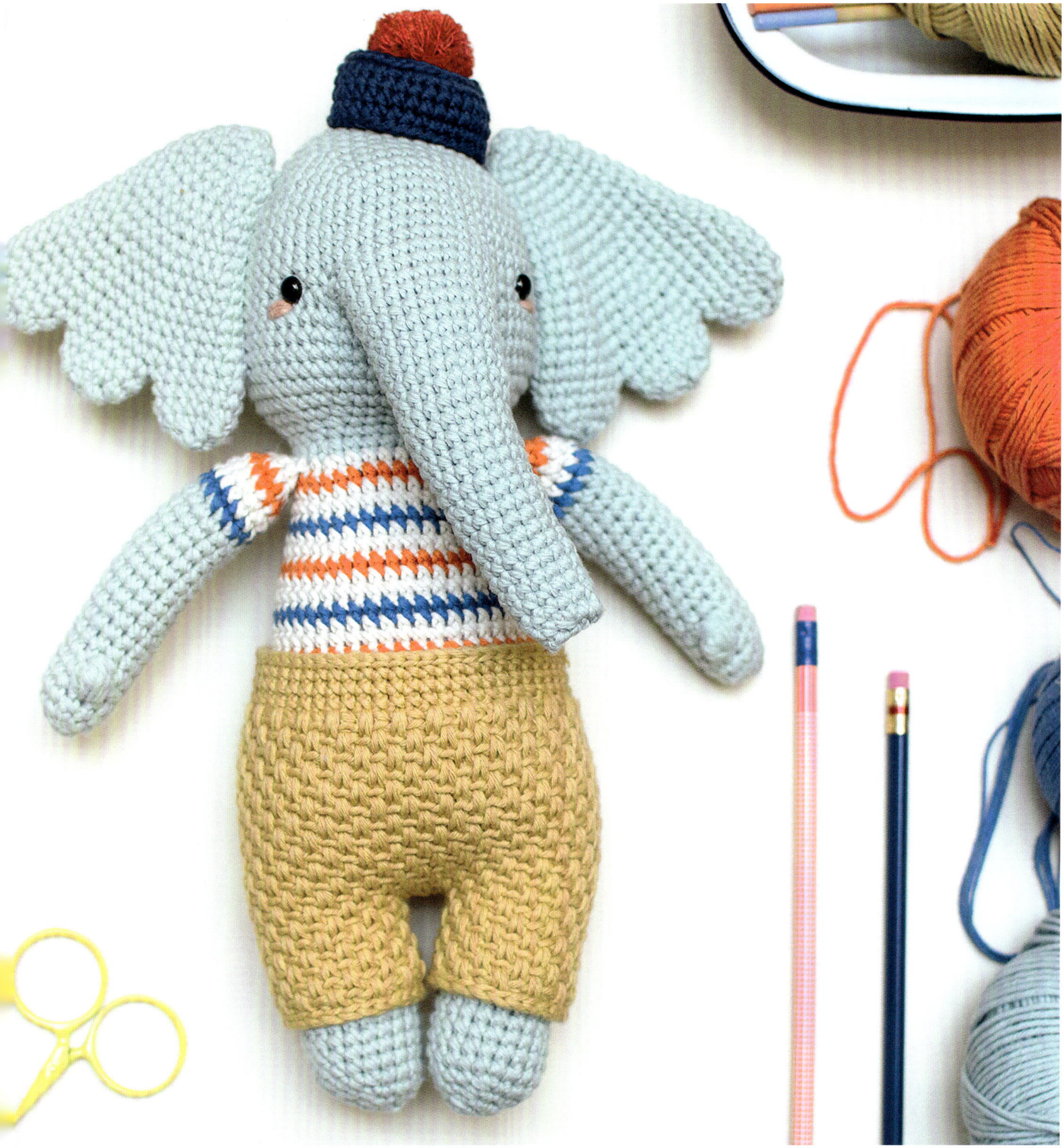

Anderson Foca

Anderson nasceu perto da península de Valdes, na Patagônia, Argentina, mas agora ele prefere passar a maior parte do ano no Farol Les Eclaireurs, perto do Ushuaia (também na Argentina). Às vezes, ele espera ansioso pelo clima quente, mas definitivamente não sente falta do barulho dos parentes fofocando e perguntando muitas coisas. Não o entendam mal, ele ama sua família faladeira, mas ele prefere aproveitar a companhia deles somente uma vez ao ano. Anderson passa a maior parte de seu tempo colecionando filmes 35 mm e fazendo queijos premiados. Ele se transformou em um famoso queijeiro e várias pessoas estão parando no seu negócio hoje em dia. Mover sua produção de queijos para o continente resolveu este problema, agora ele pode continuar aproveitando seu paraíso tranquilo.

NÍVEL DE HABILIDADE ★★

Tamanho:
24 cm de altura quando feito com o fio indicado

Materiais:
– Fio worsted em
 · azul-claro
 · rosa pastel
 · off-white
 · vermelho-antigo
 · terracota
 · cinza-esverdeado
 · preto
– Agulha de crochê tamanho 2,75 mm
– Olho preto com trava (10 mm)
– Fibra acrílica

Habilidades necessárias: *anel mágico (p. 32), trabalhando ao redor de uma corrente de base (p. 34), trabalhando jacquard de crochê de um diagrama (p. 36), canelado em ponto baixo (p. 30), unindo partes (p. 39), pompom*

Nota : A cabeça e o corpo são trabalhados juntos em uma peça.

FOCINHO

(em azul-claro)
Vlt 1: inicie com 6 pb em um anel mágico [6]
Vlt 2: aum em todos os 6 pt [12]
Vlt 3: (pb no próximo pt, aum no pt seguinte) repetir 6 vezes [18]
Vlt 4-5: pb em todos os 18 pt [18]
Arremate deixando um pedaço longo de fio. Borde o nariz e a boca com fio preto. Encha com fibra acrílica. Borde linhas no topo do nariz com cinza-esverdeado.

BOCHECHAS

(em rosa pastel)
Vlt 1: inicie com 8 pb em um anel mágico [8]
Pbx no próximo pt. Arremate deixando um pedaço longo de fio para a costura.

CABEÇA

(inicie em azul-claro)
Vlt 1: inicie com 6 pb em um anel mágico [6]
Vlt 2: aum em todos os 6 pt [12]
Vlt 3: (pb no próximo pt, aum no pt seguinte) repetir 6 vezes [18]
Vlt 4: (pb nos próximos 2 pt, aum no pt seguinte) repetir 6 vezes [24]
Vlt 5: (pb nos próximos 3 pt, aum no pt seguinte) repetir 6 vezes [30]
Vlt 6: (pb nos próximos 4 pt, aum no pt seguinte) repetir 6 vezes [36]
Vlt 7: (pb nos próximos 5 pt, aum no pt seguinte) repetir 6 vezes [42]
Vlt 8: (pb nos próximos 6 pt, aum no pt seguinte) repetir 6 vezes [48]
Vlt 9: (pb nos próximos 7 pt, aum no pt seguinte) repetir 6 vezes [54]
Vlt 10-20: pb em todos os 54 pt [54]
Costure o focinho entre as voltas 13 e 19. O focinho deve ser costurado do lado oposto do início da volta. Insira os olhos com trava entre as voltas 15 e 16, com 3 pontos de distância do focinho. Costure as bochechas entre as voltas 15 e 18.
Continue no padrão de jacquard, alternando os fios terracota e off-white (veja o diagrama).
Vlt 21-33: pb em todos os 54 pt [54]

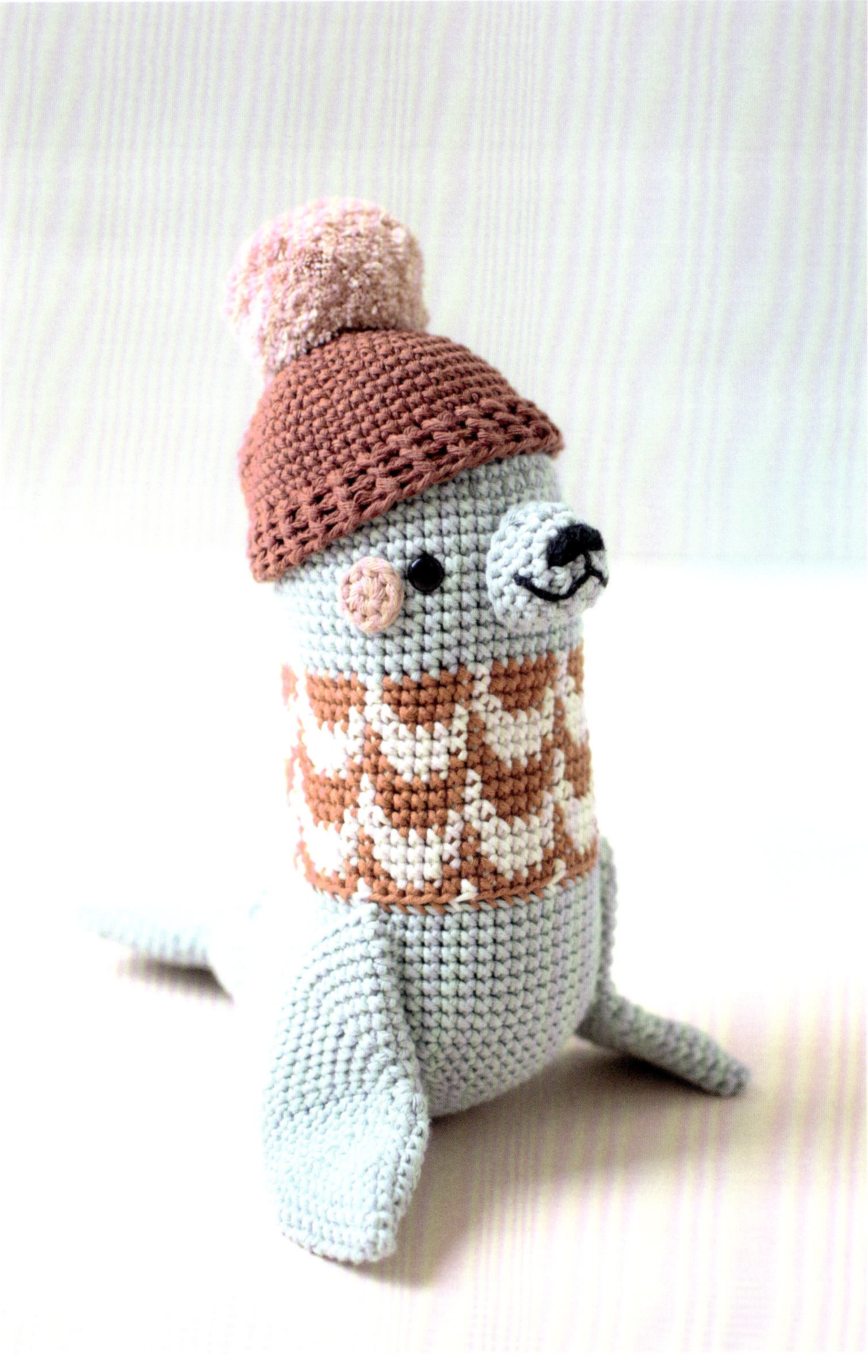

Troque para azul-claro.

Vlt 34: pb laç atrás em todos os 54 pt [54]

Vlt 35: pb em todos os 54 pt [54]

Vlt 36: encontre o centro das costas da foca. Se você ainda não chegou lá, continue trabalhando até chegar nesse ponto. Então, faça 13 corr. Coloque o marcador no próximo pt, este vai marcar o início da próxima volta. Trabalhe na corrente, comece na segunda corr a partir da agulha, pb nos próximos 12 pt, pb no ponto onde a corrente começa, continue no corpo e pb nos próximos 54 pt, continue do outro lado da corr e pb nos próximos 11 pt, aum no último pt [80]

Vlt 37: aum nos próximos 2 pt, pb nos próximos 76 pt, aum nos próximos 2 pt [84]

Vlt 38: aum nos próximos 3 pt, pb nos próximos 78 pt, aum nos próximos 3 pt [90]

Vlt 39-40: pb em todos os 90 pt [90]

Vlt 41: pb nos próximos 4 pt, dim, pb no próximo pt, dim, pb nos próximos 72 pt, dim, pb no próximo pt, dim, pb nos próximos 4 pt [86]

Vlt 42: pb nos próximos 4 pt, dim, pb no próximo pt, dim, pb nos próximos 68 pt, dim, pb no próximo pt, dim, pb nos próximos 4 pt [82]

Vlt 43: pb nos próximos 33 pt, dim, pb nos próximos 12 pt, dim, pb nos próximos 33 pt [80]

Vlt 44: pb nos próximos 4 pt, dim, pb no próximo pt, dim, pb nos próximos 24 pt, dim, pb nos próximos 10 pt, dim, pb nos próximos 24 pt, dim, pb no próximo pb, dim, pb nos próximos 4 pt [74]

Vlt 45: pb nos próximos 4 pt, dim, pb no próximo pt, dim, pb nos próximos 22 pt, dim, pb nos próximos 8 pt, dim, pb nos próximos 22 pt, dim, pb no próximo pb, dim, pb nos próximos 4 pt [68]

Vlt 46: pb nos próximos 4 pt, dim, pb no próximo pt, dim, pb nos próximos 20 pt, dim, pb nos próximos 6 pt, dim, pb nos próximos 20 pt, dim, pb no próximo pb, dim, pb nos próximos 4 pt [62]

Vlt 47: pb nos próximos 4 pt, dim, pb nos próximos 50 pt, dim, pb nos próximos 4 pt [60]

Encha a cabeça e a primeira parte do corpo e continue enchendo enquanto trabalha.

Vlt 48: (pb nos próximos 8 pt, dim) repetir 6 vezes [54]

Vlt 49: (pb nos próximos 7 pt, dim) repetir 6 vezes [48]

Vlt 50: (pb nos próximos 6 pt, dim) repetir 6 vezes [42]

Vlt 51: (pb nos próximos 5 pt, dim) repetir 6 vezes [36]

Vlt 52: (pb nos próximos 4 pt, dim) repetir 6 vezes [30]

Vlt 53: (pb nos próximos 3 pt, dim) repetir 6 vezes [24]

Vlt 54: (pb nos próximos 2 pt, dim) repetir 6 vezes [18]

Vlt 55: (pb no próximo pt, dim) repetir 6 vezes [12]

Vlt 56: dim 6 vezes [6]

Arremate deixando um pedaço longo de fio. Utilize uma agulha de tapeçaria para esconder o fio passando pela laçada da frente dos pontos que restaram e puxe com força para fechar. Esconda o resto do fio.

103

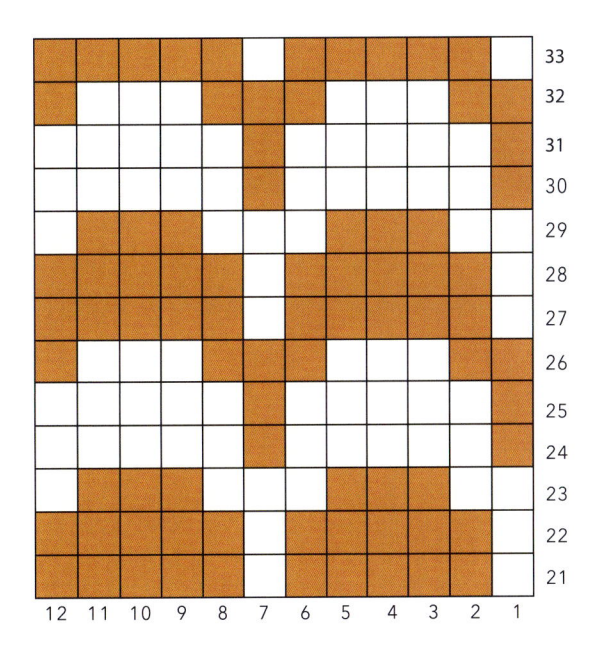

NADADEIRAS

(faça 2 em azul-claro)
Vlt 1: inicie com 8 pb em um anel mágico [8]
Vlt 2: aum em todos os 8 pt [16]
Vlt 3: (pb no próximo pt, aum no pt seguinte) repetir 8 vezes [24]
Vlt 4: (pb nos próximos 2 pt, aum no pt seguinte) repetir 8 vezes [32]
Vlt 5: (pb nos próximos 3 pt, aum no pt seguinte) repetir 8 vezes [40]
Vlt 6: (pb nos próximos 4 pt, aum no pt seguinte) repetir 8 vezes [48]
Vlt 7: (pb nos próximos 5 pt, aum no pt seguinte) repetir 8 vezes [56]
Vlt 8: (pb nos próximos 6 pt, aum no pt seguinte) repetir 8 vezes [64]
Vlt 9: (pb nos próximos 7 pt, aum no pt seguinte) repetir 8 vezes [72]
Vlt 10: pb em todos os 72 pt [72]
Arremate deixando um pedaço longo de fio para a costura. Não é necessário encher as nadadeiras. Achate-as e, usando uma agulha de tapeçaria, feche a abertura final. Costure as nadadeiras dos dois lados entre as voltas 34 e 43.

RABO

(faça 2 partes, em azul-claro)
Vlt 1: inicie com 5 pb em um anel mágico [5]
Vlt 2: aum em todos os 5 pt [10]
Vlt 3: pb em todos os 10 pt [10]
Vlt 4: (pb no próximo pt, aum no pt seguinte) repetir 5 vezes [15]
Vlt 5-6: pb em todos os 15 pt [15]
Vlt 7: (pb nos próximos 2 pt, aum no pt seguinte) repetir 5 vezes [20]
Vlt 8-9: pb em todos os 20 pt [20]
Vlt 10: (pb nos próximos 3 pt, aum no pt seguinte) repetir 5 vezes [25]
Vlt 11-13: pb em todos os 25 pt [25]
Arremate deixando um pedaço longo de fio para a costura. Não é necessário encher o rabo. Achate-o e, usando uma agulha de tapeçaria, feche a abertura final. Costure as duas partes do rabo no corpo.

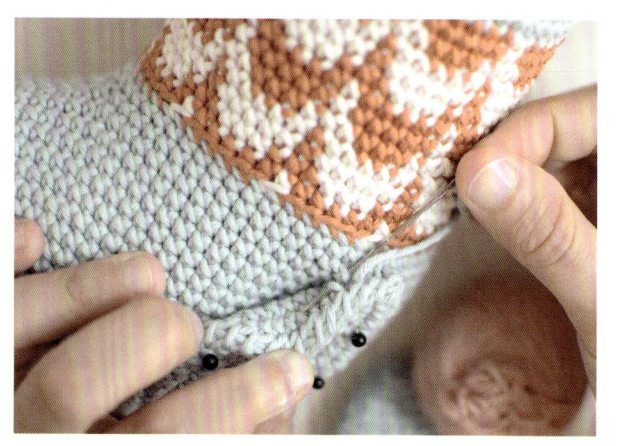

CHAPÉU

(em vermelho-antigo)
Vlt 1: inicie com 6 pb em um anel mágico [6]
Vlt 2: aum em todos os 6 pt [12]
Vlt 3: (pb no próximo pt, aum no pt seguinte) repetir 6 vezes [18]
Vlt 4: (pb nos próximos 2 pt, aum no pt seguinte) repetir 6 vezes [24]
Vlt 5: (pb nos próximos 3 pt, aum no pt seguinte) repetir 6 vezes [30]
Vlt 6: (pb nos próximos 4 pt, aum no pt seguinte) repetir 6 vezes [36]
Vlt 7: (pb nos próximos 5 pt, aum no pt seguinte) repetir 6 vezes [42]
Vlt 8: (pb nos próximos 6 pt, aum no pt seguinte) repetir 6 vezes [48]
Vlt 9: (pb nos próximos 7 pt, aum no pt seguinte) repetir 6 vezes [54]
Vlt 10-13: pb em todos os 54 pt [54]
Vlt 14-16: pb canelado em todos os 54 pt [54]
Arremate e esconda os fios. Com o fio rosa pastel, faça um pompom de 5 cm e costure no topo do chapéu.

James Pato

James tem um pequeno antiquário no estilo meio-enxaimel em Rye, Sussex. Todos os sábados, ele acorda cedo, enche sua chaleira vermelha favorita (como um bom dono de antiquário, James tem uma grande coleção de chaleiras e xícaras, é óbvio) e prepara uma deliciosa xícara de chá enquanto decide qual feira de antiguidades vai visitar. Com uma garrafa térmica com chá delicioso e uma cesta cheia de sanduíches de pepino e uma deliciosa seleção de queijos, James é um convidado sempre adorado da maioria das feiras que visita. Ele sempre prepara sanduíches de queijo comté para seu amigo de longa data Sebastião Leão, com quem se diverte quando vão à caça de antiguidades juntos. Ele geralmente não fala abertamente, mas James realmente ama os sábados.

NÍVEL DE HABILIDADE ★★

Tamanho:
29 cm de altura se feito com o fio indicado

Materiais:
– Fio worsted em
  · verde-azulado
  · rosa pastel
  · off-white
  · azul-petróleo
  · amarelo
  · coral
  · marrom
  · azul-claro
– Agulha de crochê tamanho 2,75 mm
– Olho preto com trava (8 mm)
– Fibra acrílica

Habilidades necessárias:
anel mágico (p. 32), trabalhando ao redor de uma corrente de base (p. 34), trocando de cor no início da volta (p. 35), trabalhando em tapeçaria em crochê (p. 36), dividindo o corpo em duas partes (p. 47), unindo partes (p. 39), pompom

Nota: *A cabeça e o corpo são trabalhados juntos em uma peça.*

BICO

(em amarelo)
6 corr. Os pontos são trabalhados ao redor dos dois lados da corrente de base.
Vlt 1: inicie da segunda corr a partir da agulha, aum este pt, pb nos próximos 3 pt, 3 pb no próximo pt. Continue trabalhando do outro lado da corrente de base, pb nos próximos 4 pt [12]
Vlt 2-8: pb em todos os 12 pt [12]
Vlt 9: (pb nos próximos 2 pt, aum no pt seguinte) repetir 4 vezes [16]
Vlt 10: pb em todos os 16 pt [16]
Arremate deixando um pedaço longo de fio para a costura. Encha um pouco com fibra acrílica.

CABEÇA E CORPO

(iniciar em verde-azulado)
Vlt 1: inicie com 6 pb em um anel mágico [6]
Vlt 2: aum em todos os 6 pt [12]
Vlt 3: (pb no próximo pt, aum no pt seguinte) repetir 6 vezes [18]
Vlt 4: (pb nos próximos 2 pt, aum no pt seguinte) repetir 6 vezes [24]
Vlt 5: (pb nos próximos 3 pt, aum no pt seguinte) repetir 6 vezes [30]
Vlt 6: (pb nos próximos 4 pt, aum no pt seguinte) repetir 6 vezes [36]
Vlt 7: (pb nos próximos 5 pt, aum no pt seguinte) repetir 6 vezes [42]
Vlt 8-19: pb em todos os 42 pt [42]
Troque para o fio off-white.
Vlt 20-21: pb em todos os 42 pt [42]
Costure o bico entre as voltas 14 e 19. O bico deve ser costurado no lado oposto do início da volta. Insira os olhos com trava entre as voltas 15 e 16 com 3 pontos de distância do bico.
Troque para o fio rosa pastel.
Vlt 22-24: pb em todos os 42 pt [42]
Vlt 25: pb nos próximos 11 pt, aum no próximo pt, pb nos próximos 19 pt, aum no pt seguinte, pb nos próximos 10 pt [44]

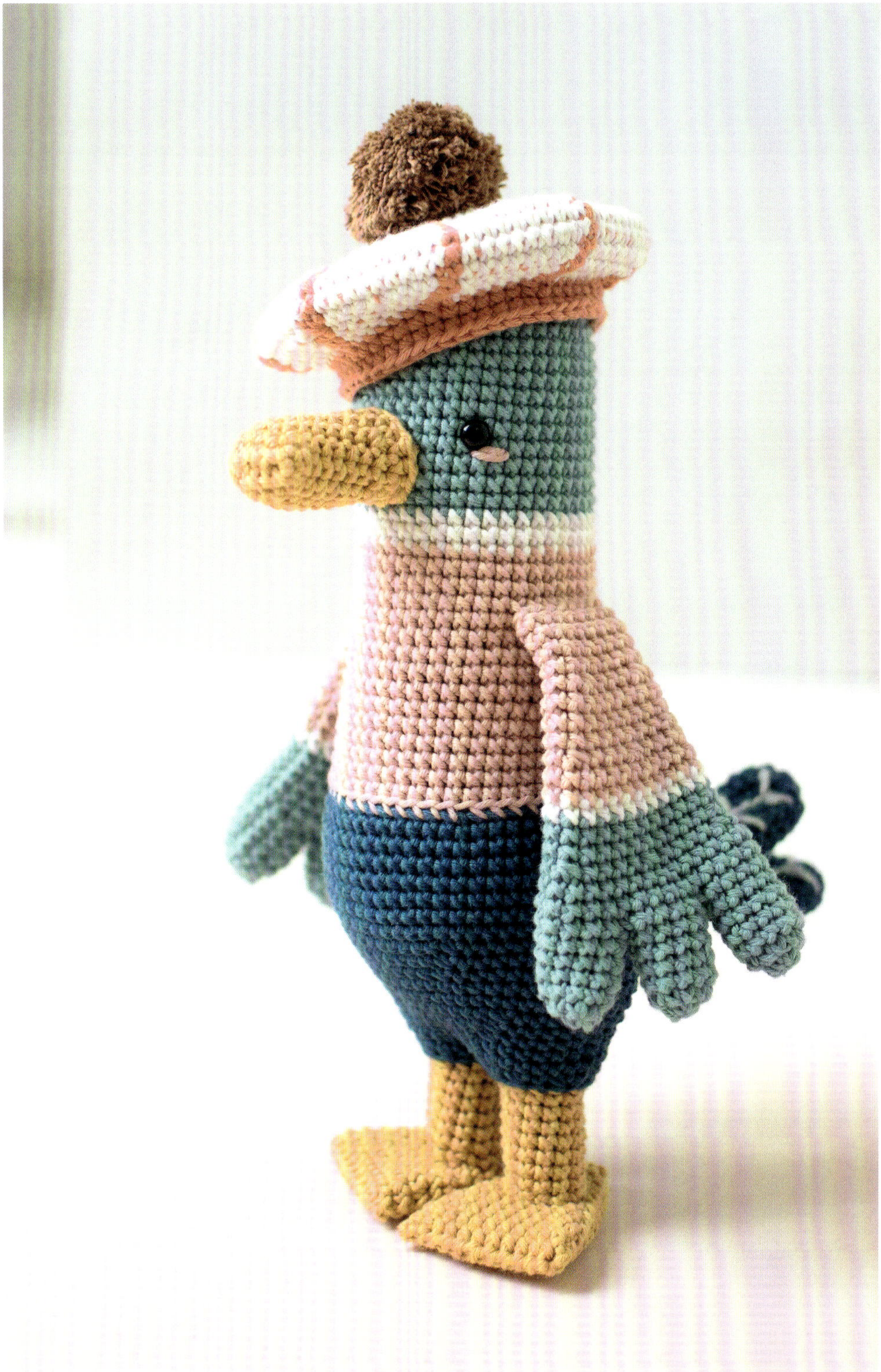

Vlt 26-30: pb em todos os 44 pt [44]
Vlt 31: (pb nos próximos 10 pt, aum no pt seguinte) repetir 4 vezes [48]
Vlt 32-38: pb em todos os 48 pt [48]
Troque para o fio azul-petróleo.
Vlt 39: laç atrás (pb nos próximos 7 pt, aum no pt seguinte) repetir 6 vezes [54]
Vlt 40-41: pb em todos os 54 pt [54]
Vlt 42: encontre o centro das costas do pato. Se você ainda não chegou lá, continue trabalhando até chegar nesse ponto. Então faça 7 corr. Coloque um marcador no próximo pt, ele será o início da próxima volta. Trabalhe na corrente, comece na segunda corr a partir da agulha, aum neste pt, pb nos próximos 5 pt, pb no pt onde começa a corrente de base, continue no corpo e pb nos próximos 54 pt, continue do outro lado da corrente e pb nos próximos 5 pt, aum no último pt [69]
Vlt 43: aum nos próximos 2 pt, pb nos próximos 65 pt, aum nos próximos 2 pt [73]
Vlt 44: pb em todos os 73 pt [73]
Vlt 45: pb nos próximos 3 pt, dim, pb nos próximos 63 pt, dim, pb nos próximos 3 pt [71]
Vlt 46: pb em todos os 71 pt [71]
Vlt 47: pb nos próximos 3 pt, dim, pb nos próximos 23 pt, dim, pb nos próximos 12 pt, dim, pb nos próximos 22 pt, dim, pb nos próximos 3 pt [67]
Vlt 48: pb nos próximos 26 pt, dim, pb nos próximos 11 pt, dim, pb nos próximos 26 pt [65]
Vlt 49: (pb no próximo pt, dim) repetir 2 vezes, pb nos próximos 20 pt, dim, pb nos próximos 9 pt, dim, pb nos próximos 21 pt, dim, pb no próximo pt, dim [59]
Vlt 50: (pb no próximo pt, dim) repetir 2 vezes, pb nos próximos 48 pt, dim, pb no próximo pt, dim [55]
Vlt 51: dim, pb nos próximos 53 pt [54]
Encha a cabeça e o corpo. Não encha demais para conseguir trabalhar as pernas com facilidade.
Vlt 52: (pb nos próximos 7 pt, dim) repetir 6 vezes [48]
Vlt 53: (pb nos próximos 6 pt, dim) repetir 6 vezes [42]
Vlt 54: (pb nos próximos 5 pt, dim) repetir 6 vezes [36]

PERNAS

Para fazer as pernas, divida o trabalho identificando 18 pontos para cada perna. Encontre o ponto central das costas. Se você ainda não chegou lá, continue trabalhando até chegar nesse ponto ou desfaça alguns pontos até chegar nele. Faça 6 corr e una a última corrente ao 18° ponto da volta anterior, trabalhando um pb neste pt (este será o primeiro pt da perna). Agora os pontos da perna estão unidos (18 pb no corpo e 6 correntes de base). Continue trabalhando a primeira perna:
Vlt 1: pb nos próximos 18 pt do corpo, pb laç atrás nos próximos 6 pt [24]
Vlt 2: pb em todos os 24 pt [24]
Vlt 3: (pb no próximo pt, dim) repetir 8 vezes [16]
Troque para o fio amarelo.
Vlt 4: laç atrás (pb nos próximos 2 pt, dim) repetir 4 vezes [12]
Vlt 5-11: pb em todos os 12 pt [12]
Arremate deixando um pedaço longo de fio para a costura. Encha bem o corpo e a perna.

SEGUNDA PERNA
Una novamente o fio azul-petróleo no primeiro ponto não trabalhado na parte das costas da volta 54. Deixe um pedaço longo de fio. Aqui é onde começamos o primeiro ponto da segunda perna.
Vlt 1: pb nos próximos 18 pt do corpo, pb laç frente nos próximos 6 pt, pb no primeiro pt para unir o circular [24]
Vlt 2-11: repetir o padrão da primeira perna. Arremate deixando um pedaço longo de fio para a costura. Encha bem a perna.

PÉS

(faça 2 em amarelo)
Vlt 1: inicie com 6 pb em um anel mágico [6]
Vlt 2: pb em todos 6 pt [6]
Vlt 3: aum em todos os 6 pt [12]
Vlt 4: pb em todos os 12 pt [12]
Vlt 5: (pb nos próximos 3 pt, aum no pt seguinte) repetir 3 vezes [15]
Vlt 6: pb em todos os 15 pt [15]
Vlt 7: (pb nos próximos 4 pt, aum no pt seguinte) repetir 3 vezes [18]
Vlt 8: pb em todos os 18 pt [18]
Vlt 9: (pb nos próximos 5 pt, aum no pt seguinte) repetir 3 vezes [21]
Vlt 10: pb em todos os 21 pt [21]
Vlt 11: (pb nos próximos 6 pt, aum no pt seguinte) repetir 3 vezes [24]
Vlt 12-13: pb em todos os 24 pt [24]
Arremate deixando um pedaço longo de fio para a costura. Não é necessário encher o pé. Achate-o e, usando uma agulha de tapeçaria, feche a abertura da última volta. Costure os pés nas pernas.

RABO

(faça 2, inicie em azul-petróleo)
Vlt 1: inicie com 6 pb em um anel mágico [6]
Vlt 2: aum em todos os 6 pt [12]
Vlt 3-10: pb em todos os 12 pt [12]
Arremate deixando um pedaço longo de fio para a costura. Não é necessário encher o rabo. Use o fio azul-claro para bordar o rabo. Achate-o e costure-o no centro das costas entre as voltas 42 e 44.

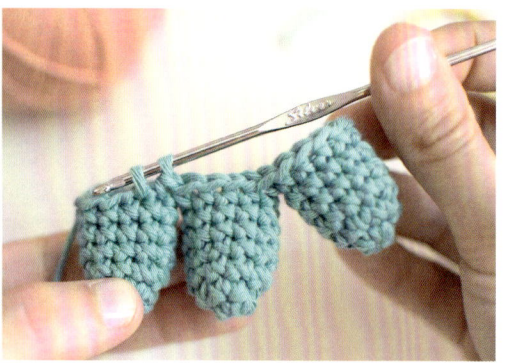

ASAS

(faça 2, inicie em verde-azulado)
Inicie com as penas, faça 3.
Vlt 1: inicie com 5 pb em um anel mágico [5]
Vlt 2: aum em todos os 5 pt [10]
Vlt 3-6: pb em todos os 10 pt [10]
Arremate a primeira e a segunda pena. Repita as voltas 1-6 para a terceira pena, mas não arremate, este fio será usado para unir as penas para fazer a asa.
Vlt 7: una a terceira pena com a segunda e pb nos próximos 4 pt da segunda. Insira a agulha na primeira e pb em todos os 10 pt da primeira pena. Insira a agulha na segunda e pb nos 6 pt restantes da segunda pena. Finalmente, insira a agulha na terceira e pb em todos os 10 pt da terceira pena [30]
Você pode fechar os buracos entre as penas com uma agulha de tapeçaria.
Vlt 8-9: pb em todos os 30 pt [30]
Vlt 10: (pb nos próximos 4 pt, dim) repetir 5 vezes [25]
Vlt 11-12: pb em todos os 25 pt [25]
Troque para o fio off-white.
Vlt 13: pb em todos os 25 pt [25]
Troque para rosa pastel.
Vlt 14-15: pb em todos os 25 pt [25]
Vlt 16: (pb nos próximos 3 pt, dim) repetir 5 vezes [20]
Vlt 17-19: pb em todos os 20 pt [20]
Vlt 20: (pb nos próximos 3 pt, dim) repetir 4 vezes [16]
Vlt 21-24: pb em todos os 16 pt [16]

Arremate deixando um pedaço longo de fio para a costura. Não é necessário encher as asas. Achate-as e costure-as dos dois lados entre as voltas 25 e 26.

CHAPÉU DE GOLF

Nota: Usei a técnica de tapeçaria em crochê para o chapéu. Se você não se sente confiante para usar esta técnica, pode escolher crochetar o chapéu em uma cor ou fazer em listras horizontais.

(inicie em off-white)
Vlt 1: inicie com 8 pb em um anel mágico [8]
Continue trabalhando alternando os fios (off-white e coral). Trabalhe no segundo ponto de cada aumento em coral. Você terá 8 linhas em coral.
Vlt 2: aum em todos os 8 pt [16]
Vlt 3: (pb no próximo pt, aum no pt seguinte) repetir 8 vezes [24]
Vlt 4: (pb nos próximos 2 pt, aum no pt seguinte) repetir 8 vezes [32]
Vlt 5: (pb nos próximos 3 pt, aum no pt seguinte) repetir 8 vezes [40]
Vlt 6: (pb nos próximos 4 pt, aum no pt seguinte) repetir 8 vezes [48]
Vlt 7: (pb nos próximos 5 pt, aum no pt seguinte) repetir 8 vezes [56]
Vlt 8: (pb nos próximos 6 pt, aum no pt seguinte) repetir 8 vezes [64]

Vlt 9: (pb nos próximos 7 pt, aum no pt seguinte) repetir 8 vezes [72]
Vlt 10: (pb nos próximos 8 pt, aum no pt seguinte) repetir 8 vezes [80].
Continue trabalhando as linhas em coral nas seguintes voltas.
Vlt 11-12: (off-white) pb nos próximos 9 pt, (coral) pb no ponto seguinte, repetir 8 vezes [80]
Continue trabalhando as diminuições em fio coral.
Vlt 13: (pb nos próximos 8 pt, dim) repetir 8 vezes [72]
Vlt 14: (pb nos próximos 7 pt, dim) repetir 8 vezes [64]
Vlt 15: (pb nos próximos 6 pt, dim) repetir 8 vezes [56]
Vlt 16: (pb nos próximos 5 pt, dim) repetir 8 vezes [48]
Troque para fio coral.
Vlt 17-18: pb em todos os 48 pt [48]
Arremate e esconda os fios. Faça um pompom marrom de 3,5 cm e costure no topo do chapéu.

Philip Lagosta

Philip nasceu na costa de Picardia. Apesar de ter nascido sem sua antena maior, sua família o ajudou a superar essa pequena desvantagem ensinando-o como usar suas garras de maneira delicada. Philip alcançou uma habilidade incrível e a cidade toda começou a chamá-lo quando precisavam, porém Philip descobriu que gostava mais de cortar tecidos. Um dia ele decidiu que era hora de mostrar sua arte para o mundo e, com toda felicidade no corpo, ele colocou sua criação mais amada, uma camiseta listrada inspirada na costa, e foi de trem para Paris. Ele começou a vender suas camisetas para seus vizinhos e conhecidos e, de repente, todo mundo estava usando camisetas listradas azuis. E foi assim que Philip tornou-se o melhor alfaiate do seu tempo, o criador do "marinheiro".

NÍVEL DE HABILIDADE
**

Tamanho:
26 cm de altura quando feito com o fio indicado

Materiais:
– Fio worsted em
  · coral
  · off-white
  · branco
  · rosa pastel
  · azul França
  · preto
– Agulha de crochê tamanho 2,75 mm
– Olho preto com trava (10 mm)
– Fibra acrílica

Habilidades necessárias:
anel mágico (p. 32), trabalhando ao redor de uma corrente de crochê (p. 34), trocando de cor no início da carreira (p. 35), dividindo o corpo em duas partes (p. 47), unindo partes (p. 39)

Nota: A cabeça e o corpo são trabalhados juntos em uma peça.

BOCHECHAS

(faça 2 em rosa pastel)
Vlt 1: inicie com 8 pb em um anel mágico [8]
Pbx no próximo pt. Arremate deixando um pedaço longo de fio para a costura.

BRANCO DO OLHO

(faça 2 em off-white)
Vlt 1: inicie com 5 pb em um anel mágico [5]
Vlt 2: aum em todos os 5 pt [10]
Pbx no próximo pt. Arremate deixando um pedaço longo de fio para a costura. Insira os olhos com trava no centro do branco do olho, mas não trave os olhos ainda.

CABEÇA E CORPO

(iniciar em coral)
Inicie com os olhos, faça 2.
Vlt 1: inicie com 5 pb em um anel mágico [5]
Vlt 2: aum em todos os 5 pt [10]
Vlt 3: (pb no próximo pt, aum no pt seguinte) repetir 5 vezes [15]
Vlt 4-5: pb em todos os 15 pt [15]
Arremate e esconda os fios do primeiro olho. Repita as voltas 1 a 5 para o segundo olho, mas não arremate, o fio será usado para unir os olhos na próxima volta para continuar com a cabeça.
Vlt 6: 1 corr, pb no último ponto do primeiro olho, pb nos próximos 14 pt do primeiro olho, pb na próxima corr, pb nos próximos 15 pt do segundo olho, pb na próxima corr [32]
Vlt 7: (pb nos próximos 3 pt, aum no pt seguinte) repetir 8 vezes [40]
Vlt 8: pb em todos os 40 pt [40]
Vlt 9: (pb nos próximos 4 pt, aum no pt seguinte) repetir 8 vezes [48]

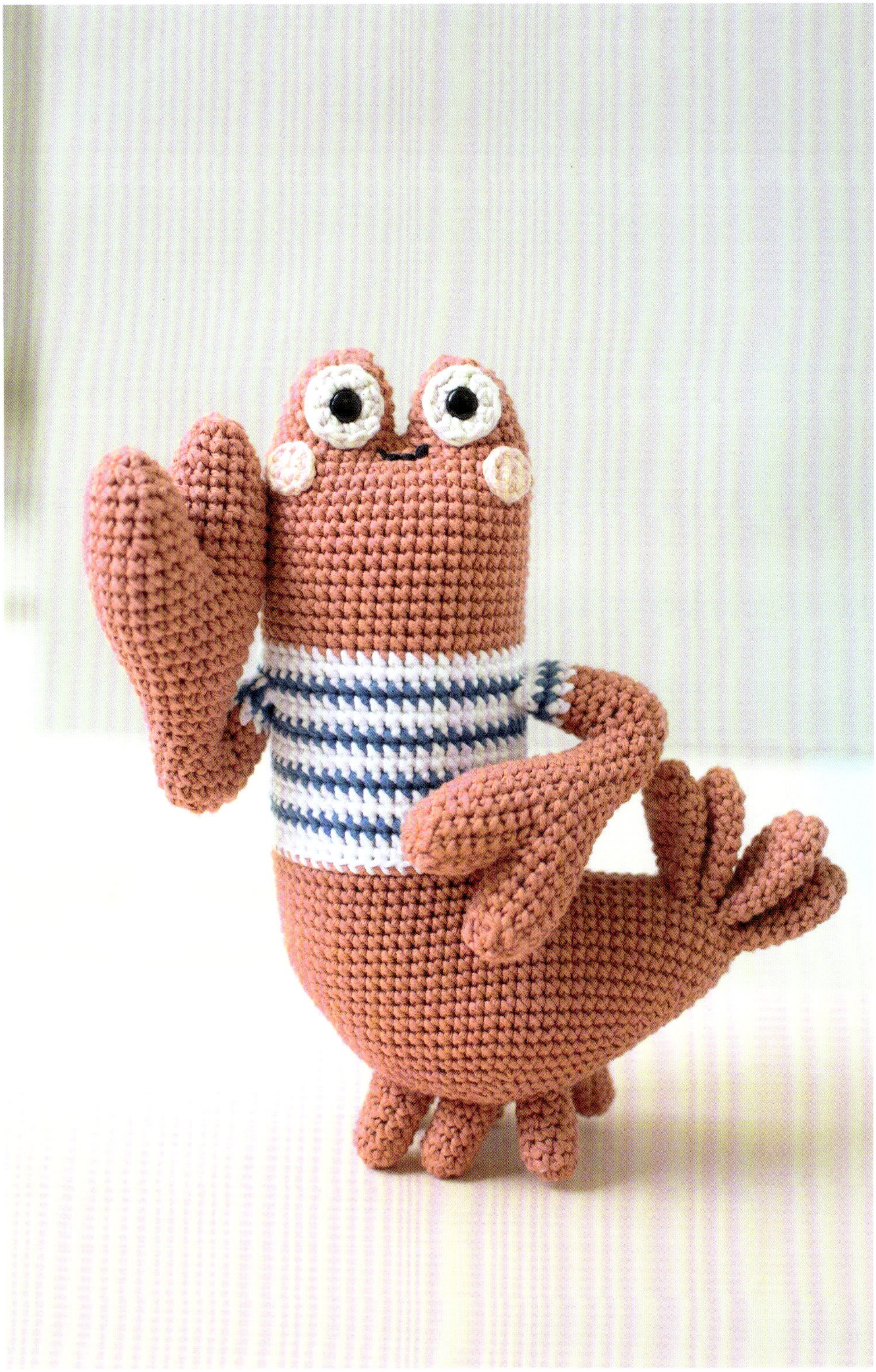

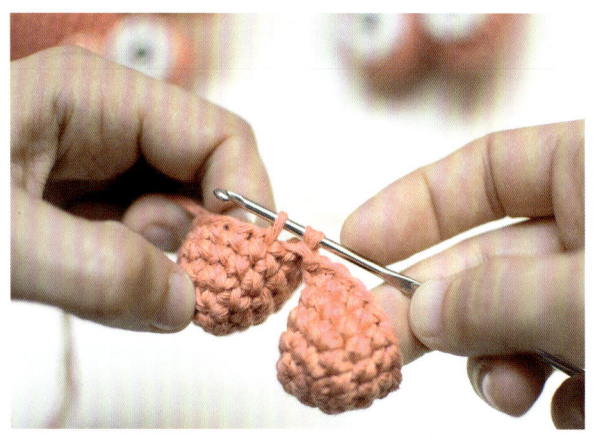

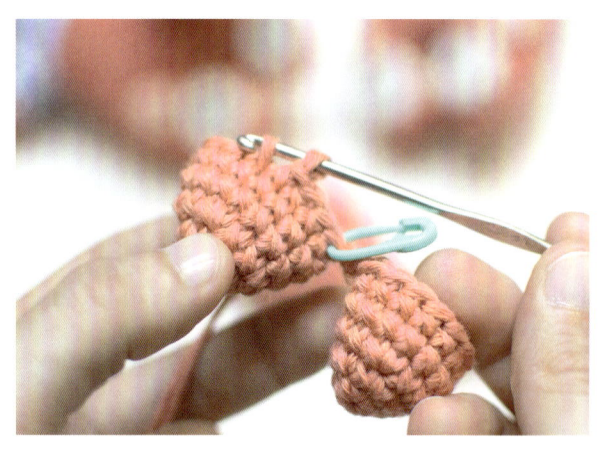

Insira os olhos de segurança com os brancos dos olhos entre as voltas 4 e 5 dos olhos da cabeça. Trave os olhos e costure os brancos aos olhos.
Vlt 10-13: pb em todos os 48 pt [48]
Borde a boca entre as carreiras 8 e 9 com fio preto. Costure as bochechas entre as voltas 8 e 11. Encha os olhos com um pouco de fibra acrílica.
Vlt 14-20: pb em todos os 48 pt [48]
Continue no padrão listrado, alternando 2 voltas em branco e 1 volta em azul França.
Vlt 21-34: pb em todos os 48 pt [48].
Troque para o coral
Vlt 35: pb laç atrás nos próximos 36 pt. Encontre o lado do corpo. Se você ainda não chegou lá, continue trabalhando até chegar nesse ponto ou desfaça alguns pontos até chegar nele. 13 corr. Coloque um marcador no próximo pt para marcar o início da próxima volta (o rabo da lagosta). Trabalhe na corrente, comece na segunda corr a partir da agulha, aum neste pt, pb nos próximos 11 pt, pb no pt de início da corrente de base, continue no corpo e pb nos próximos 48 pt (laç atrás onde necessário), continue do outro lado da corrente e pb nos próximos 12 pt [74]
Vlt 36: aum nos próximos 2 pt, pb nos próximos 71 pt, aum no próximo pt [77]
Vlt 37: (pb no próximo pt, aum no pt seguinte) repetir 2 vezes, pb nos próximos 72 pt, aum no próximo pt [80]
Vlt 38-41: pb em todos os 80 pt [80]
Vlt 42: pb nos próximos 4 pt, dim, pb nos próximos 70 pt, dim, pb nos próximos 2 pt [78]
Vlt 43: pb nos próximos 4 pt, dim, pb nos próximos 28 pt, dim, pb nos próximos 8 pt, dim, pb nos próximos 28 pt, dim, pb nos próximos 2 pt [74]
Vlt 44: pb nos próximos 4 pt, dim, pb nos próximos 26 pt, dim, pb nos próximos 7 pt, dim, pb nos próximos 27 pt, dim, pb nos próximos 2 pt [70]
Vlt 45: pb nos próximos 4 pt, dim, pb nos próximos 24 pt, dim, pb nos próximos 6 pt, dim, pb nos próximos 26 pt, dim, pb nos próximos 2 pt [66]
Vlt 46: pb nos próximos 4 pt, dim, pb nos próximos 22 pt, dim, pb nos próximos 5 pt, dim, pb nos próximos 25 pt, dim, pb nos próximos 2 pt [62]
Vlt 47: pb nos próximos 4 pt, dim, pb nos próximos 52 pt, dim, pb nos próximos 2 pt [60]

Vlt 48: pb em todos os 60 pt [60]
Vlt 49: (pb nos próximos 8 pt, dim) repetir 6 vezes [54]
Vlt 50: (pb nos próximos 7 pt, dim) repetir 6 vezes [48]
Encha bem a cabeça e o corpo e continue enchendo conforme vai trabalhando.
Vlt 51: (pb nos próximos 6 pt, dim) repetir 6 vezes [42]
Vlt 52: (pb nos próximos 5 pt, dim) repetir 6 vezes [36]
Vlt 53: (pb nos próximos 4 pt, dim) repetir 6 vezes [30]
Vlt 54: (pb nos próximos 3 pt, dim) repetir 6 vezes [24]
Vlt 55: (pb nos próximos 2 pt, dim) repetir 6 vezes [18]
Vlt 56: (pb no próximo pt, dim) repetir 6 vezes [12]
Vlt 57: dim 6 vezes [6]
Arremate deixando um pedaço longo de fio. Utilize uma agulha de tapeçaria para esconder o fio passando pela laçada da frente dos pontos que restaram e puxe com força para fechar. Esconda o resto do fio.

116

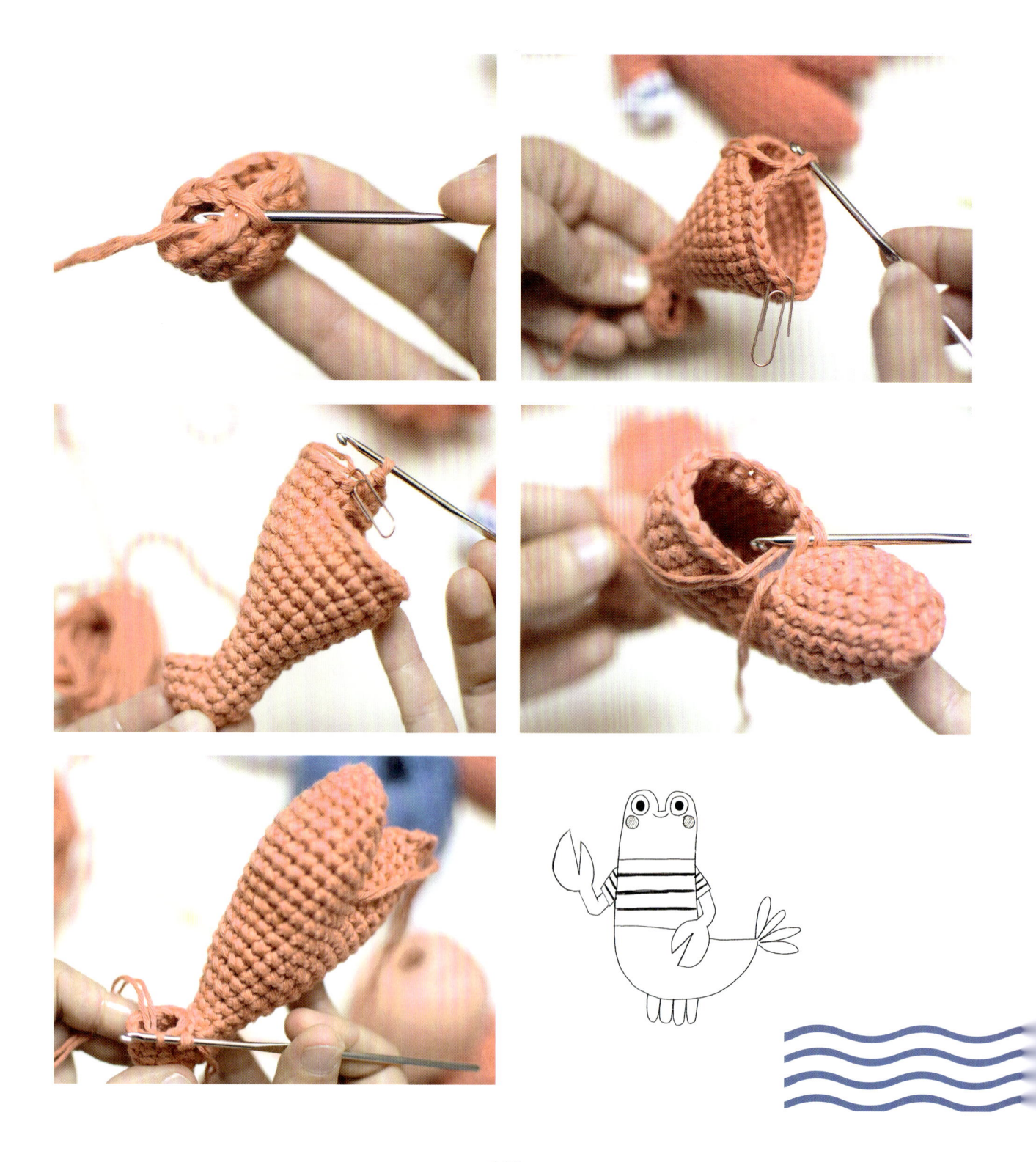

GARRA TRITURADORA GRANDE

(em coral)

COTOVELO
Vlt 1: inicie com 6 pb em um anel mágico [6]
Vlt 2: aum em todos os 6 pt [12]
Vlt 3: (pb nos próximos 2 pt, aum no pt seguinte) repetir 4 vezes [16]
Vlt 4: pb em todos os 16 pt [16]
Divida o cotovelo para fazer 2 partes da garra (o antebraço e o braço) usando 8 pontos para cada parte.

ANTEBRAÇO
2 CORR. Pule 8 pt e una o último pt da corr ao 9º pt da carr anterior fazendo um pt.
Esta parte será formada por 8 pontos do cotovelo e as 2 correntes. Continue trabalhando o antebraço.
Vlt 1: pb nos próximos 10 pt (8 do cotovelo e 2 da corrente) [10]
Vlt 2-3: pb em todos os 10 pt [10]
Vlt 4: (pb no próximo pt, aum no pt seguinte) repetir 5 vezes [15]
Vlt 5: pb em todos os 15 pt [15]
Vlt 6: (pb nos próximos 2 pt, aum no pt seguinte) repetir 5 vezes [20]
Vlt 7: pb em todos os 20 pt [20]
Vlt 8: (pb nos próximos 3 pt, aum no pt seguinte) repetir 5 vezes [25]
Vlt 9: pb em todos os 25 pt [25]
Vlt 10: (pb nos próximos 4 pt, aum no pt seguinte) repetir 5 vezes [30]
Vlt 11-12: pb em todos os 30 pt [30]

PRIMEIRA PARTE DA GARRA
Divida o antebraço para fazer as 2 partes da garra, usando 15 pt para cada parte. Pb nos próximos 7 pt, 3 corr, pular 15 pt e unir a última corr ao 16º pt fazendo um pb. Esta parte vai ser formada por 15 pt do braço e as 3 correntes. Continue trabalhando a primeira parte:
Vlt 13: pb nos próximos 18 pt (15 pb do braço e 3 pb laç atrás da corr) [18]
Vlt 14-15: pb em todos os 18 pt [18]
Vlt 16: (pb nos próximos 4 pt, dim) repetir 3 vezes [15]
Vlt 17: pb em todos os 15 pt [15]
Vlt 18: (pb nos próximos 3 pt, dim) repetir 3 vezes [12]
Vlt 19: pb em todos os 12 pt [12]
Vlt 20: dim 6 vezes [6]
Arremate deixando um pedaço longo de fio. Utilize uma agulha de tapeçaria para esconder o fio passando pela laçada da frente dos pontos que restaram e puxe com força para fechar. Esconda o resto do fio. Encha bem a primeira parte.

SEGUNDA PARTE DA GARRA
Unir o fio coral ao ponto à esquerda da primeira parte da garra.
Vlt 13: pb nos próximos 15 pt, pb laç frente nas próximas 3 corr. Quando chegar ao 18º pt da garra, pb no primeiro pt para fechar o circular [18]
Vlt 14-20: repetir o padrão da primeira parte da garra.

BRAÇO
Unir o fio coral ao ponto à esquerda do antebraço da volta 4 do cotovelo.
Vlt 1: pb nos próximos 8 pt, pb nas próximas 2 corr. Quando alcançar o 10º pt do braço, pb no primeiro pt para fechar o circular [10]
Vlt 2-3: pb em todos os 10 pt [10]
Continue no padrão listrado, alternando 1 volta de fio branco e 1 volta de fio azul França.
Vlt 4-6: pb em todos os 10 pt [10]
Arremate deixando um pedaço longo de fio para a costura. Encha bem o braço.

PEQUENA GARRA PINÇA

(em coral)

COTOVELO
Vlt 1-4: repetir as voltas 1 a 4 da garra trituradora grande

ANTEBRAÇO
2 corr. Pular 8 pt e unir a última corr ao 9º pt da carreira anterior trabalhando um pb.
Esta parte será formada por 8 pt do cotovelo e as 2

corr da corrente de base. Continue trabalhando no antebraço:

Vlt 1: pb nos próximos 10 pt (8 do cotovelo e 2 da corrente) [10]
Vlt 2-3: pb em todos os 10 pt [10]
Vlt 4: (pb nos próximos 4 pt, aum no pt seguinte) repetir 2 vezes [12]
Vlt 5: (pb nos próximos 2 pt, aum no pt seguinte) repetir 4 vezes [16]
Vlt 6: pb nos todos os 16 pt [16]
Vlt 7: (pb nos próximos 3 pt, aum no pt seguinte) repetir 4 vezes [20]
Vlt 8: pb em todos os 20 pt [20]
Vlt 9: (pb nos próximos 4 pt, aum no pt seguinte) repetir 4 vezes [24]
Vlt 10-11: pb em todos os 24 pt [24]

PRIMEIRA PARTE DA GARRA

Divida o antebraço para fazer 2 partes da garra, usando 12 pontos para cada parte. Pb nos próximos 6 pt, 3 corr, pular 12 pt e unir à última corrente ao 13° pt fazendo um pb.

Esta parte será formada por 12 pontos do antebraço e as 3 corr da corrente de base.

Continue trabalhando a primeira parte.

Vlt 12: pb nos próximos 15 pt (12 pb do braço e 3 pb laç atrás da corrente) [15]
Vlt 13-14: pb em todos os 15 pt [15]
Vlt 15: (pb nos próximos 3 pt, dim) repetir 3 vezes [12]
Vlt 16-17: pb em todos os 12 pt [12]
Vlt 18: dim 6 vezes [6]

Arremate deixando um pedaço longo de fio. Utilize uma agulha de tapeçaria para esconder o fio passando pela laçada da frente dos pontos que restaram e puxe com força para fechar. Esconda o resto do fio. Encha bem a primeira parte da garra.

SEGUNDA PARTE DA GARRA

Una o fio coral ao primeiro ponto à esquerda da primeira parte da garra.

Vlt 12: pb nos próximos 12 pt, pb laç frente nas próximas 3 corr. Quando você alcançar o 15° pt da garra, pb no primeiro pt para unir o circular [15]
Vlt 13-18: repetir o padrão da primeira parte da garra.

BRAÇO

Vlt 1-6: repetir as voltas 1 a 6 da garra trituradora grande.

Costurar os braços nos lados entre as voltas 23 e 24.

RABO

(faça 4 em coral)
Vlt 1: inicie com 5 pb em um anel mágico [5]
Vlt 2: aum em todos os 5 pt [10]
Vlt 3-8: pb em todos os 10 pt [10]

Arremate deixando um pedaço longo de fio para a costura. Não é necessário encher o rabo. Achate-o e costure-o no rabo, entre as voltas 35 e 40.

PERNAS

faça 6 em coral)
Vlt 1: inicie com 8 pb em um anel mágico [8]
Vlt 2-6: pb em todos os 8 pt [8]

Arremate deixando um pedaço longo de fio para a costura. Encher com fibra acrílica. Costurar as seis pernas embaixo do corpo da lagosta, entre as voltas 51 e 55.

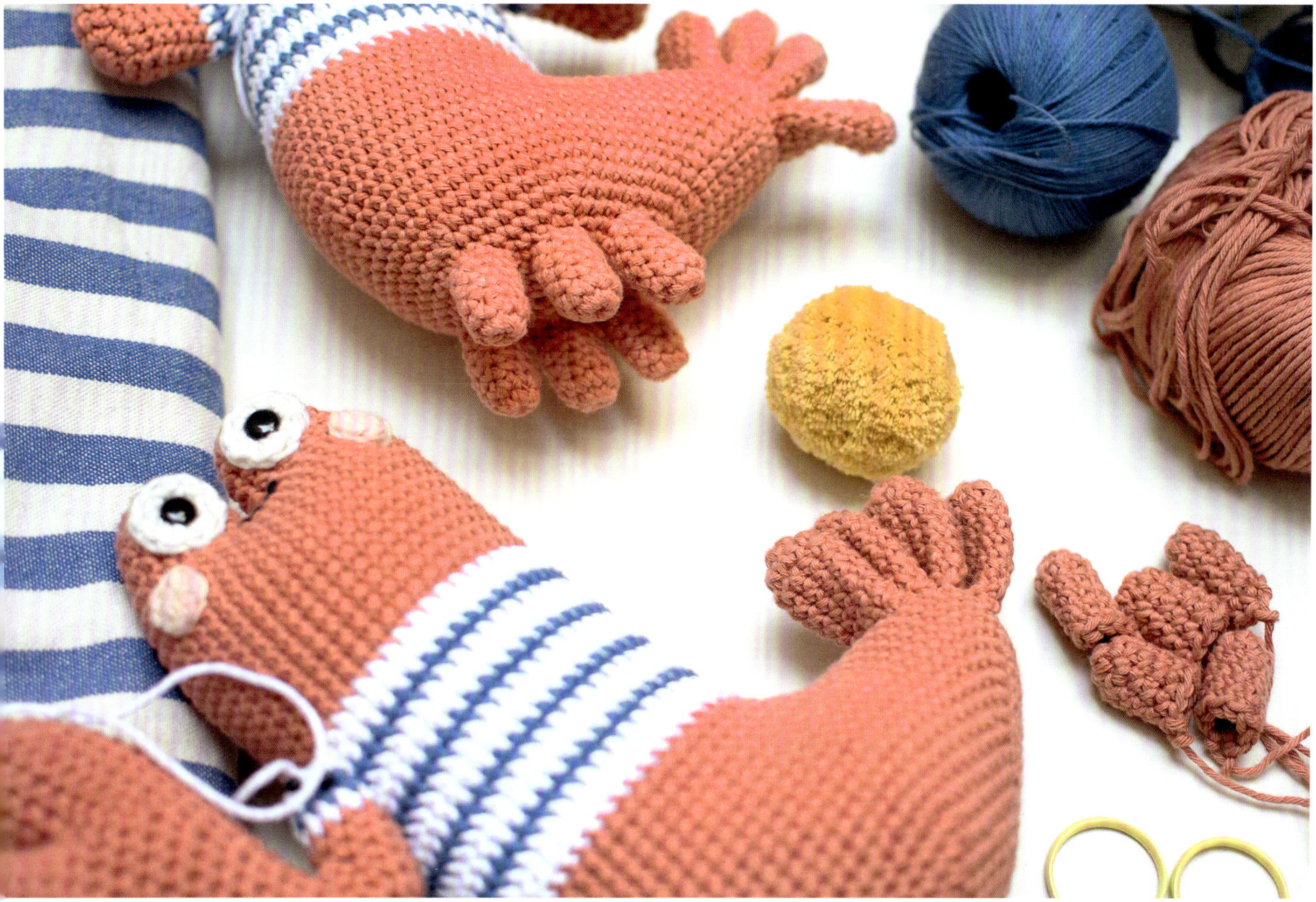

Lupita Macaca-aranha

Desde a primeira vez que ouviu "Space Oddity", Lupita sabia que seria devota a duas coisas na sua vida: viajar para o espaço para ir além das fronteiras da sua espécie e… aprender a dançar de patins. Lupita sabe que seus sonhos são difíceis de alcançar. Ela passa quase todo tempo estudando. E, quando ela já não consegue mais ler nem uma palavra ou fórmula, ela calça seus patins, coloca a trilha sonora de David Bowie para tocar e vai praticar. Estudar para viajar pelo espaço é um desafio, mas colocar o macacão de lantejoulas e dançar com patins sem ficar com vergonha é uma das coisas mais difíceis que uma pessoa pode fazer.

NÍVEL DE HABILIDADE
★★★

Tamanho:
34 cm de altura se feito com o fio indicado

Materiais:
– Fio worsted em
 · amarelo-ocre
 · off-white
 · rosa pastel
 · preto
– Fio fingering
 · verde-azulado
 · azul-claro
 · rosa pastel
– Agulha de crochê tamanho 2,75 mm
– Olho preto com trava (oval, 12 mm)
– Fibra acrílica

Habilidades necessárias:
anel mágico (p. 32), trabalhando ao redor de uma corrente de crochê (p. 34), trabalhando em carreiras, trocando de cor no início da carreira (p. 35), trocando de cor no meio da volta (p. 35), dividindo o macacão em 2 partes (p. 47), unindo partes (p. 39)

Nota: A cabeça e o corpo são trabalhados juntos em uma peça.

Nota: use a agulha 2,75 mm tanto para o fio worsted quanto para o fio fingering (para o macacão).

FOCINHO

(em off-white)
8 corr. Os pontos são trabalhados ao redor dos dois lados da corrente de base.
Vlt 1: comece na segunda corr a partir da agulha, pb nos próximos 6 pt, 3 pb no último pt. Continue no outro lado da volta de base, pb nos próximos 5 pt, aum no próximo pt [16]
Vlt 2: aum no próximo pt, pb nos próximos 5 pt, aum nos próximos 3 pt, pb nos próximos 5 pb, aum nos próximos 2 pt [22]
Vlt 3-5: pb em todos os 22 pt [22]
Arremate deixando um pedaço longo de fio para costura. Borde a boca e o nariz com fio preto. Encha um pouco o focinho com fibra acrílica.

BOCHECHAS

(faça 2 em rosa pastel)
Vlt 1: inicie com 6 pb em um anel mágico [6]
Vlt 2: aum em todos os 6 pt [12]
Pbx no próximo pt. Arremate deixando um pedaço longo de fio para a costura.

CABEÇA E CORPO

(em amarelo-ocre)
Vlt 1: inicie com 6 pb em um anel mágico [6]
Vlt 2: pb em todos os 6 pt [6]
Vlt 3: (pb no próximo pt, aum no pt seguinte) repetir 3 vezes [9]
Vlt 4: (pb nos próximos 2 pt, aum no pt seguinte) repetir 3 vezes [12]
Vlt 5: (pb no próximo pt, aum no pt seguinte) repetir 6 vezes [18]
Vlt 6: (pb nos próximos 2 pt, aum no pt seguinte) repetir 6 vezes [24]
Vlt 7: (pb nos próximos 3 pt, aum no pt seguinte) repetir 6 vezes [30]
Vlt 8: (pb nos próximos 4 pt, aum no pt seguinte) repetir 6 vezes [36]
Vlt 9: (pb nos próximos 5 pt, aum no pt seguinte) repetir 6 vezes [42]
Vlt 10: (pb nos próximos 6 pt, aum no pt seguinte) repetir 6 vezes [48]
Vlt 11: (pb nos próximos 7 pt, aum no pt seguinte) repetir 6 vezes [54]
Vlt 12: (pb nos próximos 8 pt, aum no pt seguinte) repetir 6 vezes [60]
Continue trabalhando alternando os fios (amarelo-ocre e off-white). A cor que você deve trabalhar será indicada antes de cada parte.
Vlt 13: (amarelo-ocre) pb nos próximos

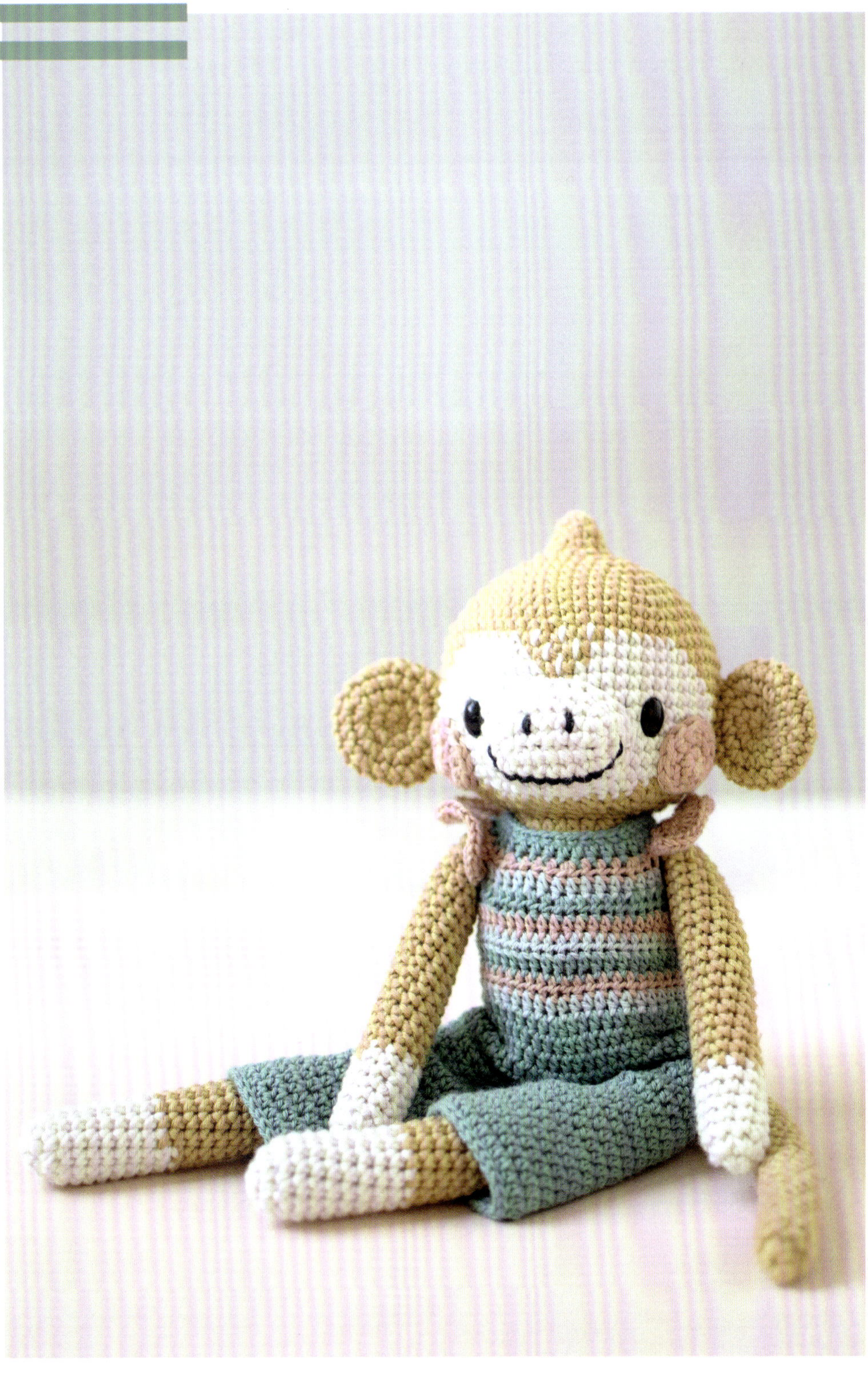

21 pt, (off-white) pb nos próximos 6 pt, (amarelo-ocre) pb nos próximos 6 pt, (off-white) pb nos próximos 6 pt, (amarelo-ocre) pb nos próximos 21 pt [60]

Vlt 14: (amarelo-ocre) pb nos próximos 20 pt, (off-white) pb nos próximos 8 pt, (amarelo-ocre) pb nos próximos 4 pt, (off-white) pb nos próximos 8 pt, (amarelo-ocre) pb nos próximos 20 pt [60]

Vlt 15: (amarelo-ocre) pb nos próximos 19 pt, (off-white) pb nos próximos 10 pt, (amarelo-ocre) pb nos próximos 2 pt, (off-white) pb nos próximos 10 pt, (amarelo-ocre) pb nos próximos 19 pt [60]

Vlt 16: (amarelo-ocre) pb nos próximos 18 pt, (off-white) pb nos próximos 24 pt, (amarelo-ocre) pb nos próximos 18 pt [60]

Vlt 17-20: (amarelo-ocre) pb nos próximos 17 pt, (off-white) pb nos próximos 26 pt, (amarelo-ocre) pb nos próximos 17 pt [60]

Vlt 21: (amarelo-ocre) pb nos próximos 19 pt, (off-white) pb nos próximos 22 pt, (amarelo-ocre) pb nos próximos 19 pt [60]

Vlt 22: (amarelo-ocre) pb nos próximos 21 pt, (off-white) pb nos próximos 18 pt, (amarelo-ocre) pb nos próximos 21 pt [60]

Vlt 23: (amarelo-ocre) (pb nos próximos 3 pt, dim) repetir 4 vezes, pb nos próximos 3 pt, (off-white) dim, (pb nos próximos 3 pt, dim) repetir 2 vezes, pb nos próximos 2 pt, (amarelo-ocre) pb no próximo pt, dim, (pb nos próximos 3 pt, dim) repetir 4 vezes [48]
Continue em amarelo-ocre.

Vlt 24: (pb nos próximos 2 pt, dim) repetir 12 vezes [36]

Vlt 25: (pb nos próximos 4 pt, dim) repetir 6 vezes [30]
Costure o nariz entre as voltas 16 e 23, no meio do segmento off-white. Insira olhos com trava entre as voltas 18 e 19 a dois pontos de distância do nariz.

Vlt 26: (pb no próximo pt, dim) repetir 10 vezes [20]

Vlt 27: pb em todos os 20 pt [20]
Encha bem a cabeça com fibra acrílica.

Vlt 28: (pb no próximo pt, aum no pt seguinte) repetir 10 vezes [30]

Vlt 29: pb em todos os 30 pt [30]

Vlt 30: (pb nos próximos 4 pt, aum no pt seguinte) repetir 6 vezes [36]

Vlt 31-44: pb em todos os 36 pt [36]

Vlt 45: (pb nos próximos 4 pt, dim) repetir 6 vezes [30]

Vlt 46: (pb nos próximos 3 pt, dim) repetir 6 vezes [24]
Encha bem o corpo com firma acrílica.

Vlt 47: (pb nos próximos 2 pt, dim) repetir 6 vezes [18]

Vlt 48: (pb no próximo pt, dim) repetir 6 vezes [12]

Vlt 49: dim 6 vezes [6]
Arremate deixando um pedaço longo de fio. Utilize uma agulha de tapeçaria para esconder o fio passando pela laçada da frente dos pontos que restaram e puxe com força para fechar. Esconda o resto do fio.

PERNAS

faça 2, comece com off-white)
Vlt 1: inicie com 6 pb em um anel mágico [6]
Vlt 2: aum em todos os 6 pt [12]
Vlt 3-10: pb em todos os 12 pt [12]
Troque para o fio amarelo-ocre.
Vlt 11-36: pb em todos os 12 pt [12]
Arremate deixando um pedaço longo de fio para a costura. Encha com fibra acrílica. Costure as pernas entre as voltas 43 e 44.

BRAÇOS

(faça 2, comece com off-white)
Vlt 1: inicie com 5 pb em um anel mágico [5]
Vlt 2: aum em todos os 5 pt [10]
Vlt 3-7: pb em todos os 10 pt [10]
Troque para o fio amarelo-ocre.
Vlt 8-26: pb em todos os 10 pt [10]
Vlt 27: (pb nos próximos 3 pt, dim) repetir 2 vezes [8]
Arremate deixando um pedaço longo de fio para a costura. Encha com fibra acrílica. Costure os braços ao lado entre as voltas 29 e 30.

ORELHAS

(faça 2 em amarelo-ocre)
Vlt 1: inicie com 6 pb em um anel mágico [6]
Vlt 2: aum em todos os 6 pt [12]
Vlt 3: (pb no próximo pt, aum no pt seguinte) repetir 6 vezes [18]

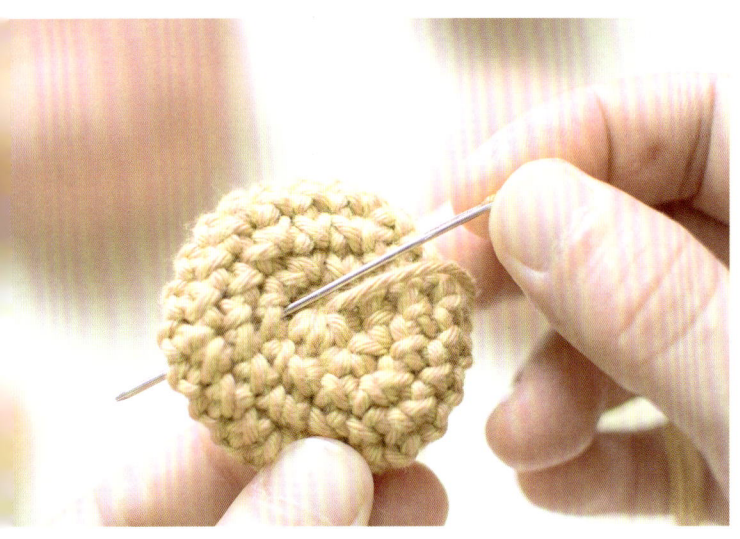

Vlt 4: (pb nos próximos 2 pt, aum no pt seguinte) repetir 6 vezes [24]

Vlt 5: pb em todos os 24 pt [24]

Vlt 6: (pb nos próximos 2 pt, dim) repetir 6 vezes [18]

Vlt 7: (pb no próximo pt, dim) repetir 6 vezes [12]

Vlt 8: dim 6 vezes [6]

Arremate deixando um pedaço longo de fio. Não é necessário encher. Utilize uma agulha de tapeçaria para esconder o fio passando pela laçada da frente dos pontos que restaram e puxe com força para fechar. Esconda o resto do fio. Costure as orelhas entre as voltas 15 e 21, cerca de 2 pontos de distância do segmento branco do rosto.

MACACÃO

(com um fio fingering e agulha tamanho 2,75 mm, comece com fio verde-azulado)

34 corr. Trabalhe em carreiras.

Carr 1: comece na 3ª corr a partir da agulha, pma nos próximos 32 pt, 2 corr, virar [32]

Continue trabalhando em padrão listrado, alternando 1 carr em verde-azulado, 1 carr em rosa pastel e 1 carr em azul-claro.

Carr 2: (pma nos próximos 3 pt, pma aum no próximo

pt) repetir 8 vezes, 2 corr, virar [40]
Carr 3: pma nos próximos 6 pt, 6 corr, pular próximos 6 pt, pma nos próximos 16 pt, 6 corr, pular próximos 6 pt, pma nos próximos 6 pt, 2 corr, virar [40]
Carr 4: (pma nos próximos 4 pt, pma aum no próximo pt) repetir 8 vezes, 2 corr, virar [48]
Carr 5-10: pma em todos os 48 pt, 2 corr, virar [48]
Unir o último pt da carr ao primeiro ponto da próxima carr, trabalhando um pma (este pma será o primeiro pt da próxima volta). Agora os pontos do macacão estão circular. Continue trabalhando em espiral, troque para verde-azulado.
Vlt 11: (pma nos próximos 11 pt, pma aum no pt seguinte) repetir 4 vezes [52]
Vlt 12-13: pma em todos os 52 pt [52]
Vlt 14: (pma nos próximos 12 pt, pma aum no pt seguinte) repetir 4 vezes [56]
Encontrar o meio do macacão para fazer o buraco do rabo. Se você ainda não chegou lá, continue trabalhando até chegar nesse ponto ou desfaça alguns pontos até chegar nele.
Vlt 15: 4 corr, pular 4 pt, pma nos próximos 52 pt [56] Trabalhe a próxima volta em pma e nas correntes.
Vlt 16: pma em todos os 56 pt [56]
Vlt 17: (pma nos próximos 13 pt, pma aum no pt seguinte) repetir 4 vezes [60]
Vlt 18: pma em todos os 60 pt [60]

PERNAS DO MACACÃO

Para fazer as pernas, divida o trabalho identificando 6 pontos para o espaço central entre as pernas, 6 pontos para as costas e 24 pontos para cada perna (você pode usar marcadores para lhe ajudar). Se as pernas não estão bem alinhadas com o macacão, faça mais alguns pontos baixos no macacão ou desfaça alguns pontos. Una o último ponto para a perna da parte da frente com a parte das costas, trabalhando em ponto baixo (este ponto baixo será o primeiro ponto do macacão). Agora os pontos da primeira perna do macacão estão unidos. Continue trabalhando a primeira perna do macacão.

Vlt 1-3: pma em todos os 24 pt [24]
Vlt 4: (pma nos próximos 11 pt, aum no pt seguinte) repetir 2 vezes [26]
Vlt 5-6: pma em todos os 26 pt [26]
Vlt 7: (pma nos próximos 12 pt, aum no pt seguinte) repetir 2 vezes [28]
Vlt 8-11: pma em todos os 28 pt [28]
Vlt 12: (pma nos próximos 13 pt, aum no pt seguinte) repetir 2 vezes [30]
Vlt 13-15: pma em todos os 30 pt [30]
Se o tecido enviesar para um lado, você pode trabalhar mais uns pma antes de terminar com pbx. Assim você consegue terminar o macacão com um bom acabamento.
Vlt 16: pbx em todos os 30 pt [30]
Arrematar e esconder os fios.

SEGUNDA PERNA DO MACACÃO
Una novamente o fio verde-azulado no 7° ponto não trabalhado na parte das costas da volta 18. Deixe um pedaço longo de fio. Aqui é onde começamos o primeiro ponto da segunda perna do macacão.
Vlt 1: pma em todos os 24 pt. Ao chegar no 24° ponto da perna, pma no primeiro ponto para unir a volta [24]
Vlt 2-16: repetir o padrão da primeira perna do macacão. Arrematar e esconder os fios. Usando uma agulha de tapeçaria, costure e feche os 6 pontos entre as pernas do macacão.

ACABAMENTO
Inserir a agulha à esquerda do decote, com o lado direito de frente para você e puxe uma laçada de fio verde-azulado. Faça ponto baixo por toda a volta da frente do macacão, 32 pb ao redor do pescoço, cerca de 29 pb na lateral das carreiras do primeiro lado, e 29 pb na outra lateral. 4 corr, pbx no próximo pt. Arremate e esconda os fios.

PLISSADO DA MANGA
Para fazer os plissados da manga, una o fio rosa pastel no último ponto antes dos pontos pulados da carr 3. Trabalhe em carreiras. 2 corr.
Carr 1: pma aum nos próximos 8 pt, 2 corr, virar [16]
Carr 2: pma aum em todos os 16 pt [32]
Arremate e esconda os fios.

BOTÃO

(com fio fingering e agulha tamanho 2,75 mm em rosa pastel)
Vlt 1: inicie com 8 pb em um anel mágico [8]
Vlt 2: pb em todos os 8 pt [8]
Arremate deixando um pedaço longo de fio para a costura. Utilize uma agulha de tapeçaria para esconder o fio passando pela laçada da frente dos pontos que restaram e puxe com força para fechar. Costure o botão nas costas do macaco, do lado oposto da casa de botão.

RABO

(em amarelo-ocre)
Vlt 1: inicie com 8 pb em um anel mágico [8]
Encha um pouco com fibra de acrílico conforme você trabalha.
Vlt 2-40: pb em todos os 8 pt [8]
Arremate deixando um pedaço longo de fio para a costura. Encha mais para o rabo se necessário. Costure o rabo ao corpo, lembrando do buraco no macacão.

Monty Tamanduá

Monty é um jardineiro que tem a sorte de viver em uma paisagem incrível, o Vale do Lunarejo no Uruguai. Ele tem uma casa no topo do "quebracho", sua árvore favorita, onde ele gosta de passar a maior parte do seu tempo, bebendo mate e comendo churros com mel (só um pouco, ele não quer abusar da generosidade de suas amigas abelhas). Todos os dias antes do sol se pôr, ele coloca um pouco de suco de frutas e um caderno na sua bolsa e faz sua caminhada diária pelo vale. Monty tem que checar a saúde de todas as árvores e ter certeza de que os insetos estão fazendo seu trabalho. Monty geralmente prefere fazer isso sozinho, porém uma vez ao mês ele se encontra com René Jacaré Caiman e Marcos Quati para trocar informações das regiões que eles trabalham e discutir o livro que estão escrevendo juntos.

NÍVEL DE HABILIDADE ***

Tamanho:
32 cm de altura se feito com o fio indicado

Materiais:
– Fio sport em
  · preto
  · azul-claro
  · off-white
  · grafite
  · rosa pastel
– Agulha de crochê tamanho 2,75 mm
– Olho preto com trava (8 mm)
– Fibra acrílica

Habilidades necessárias:
trabalhar com fio duplo, trabalhar entre os pontos (p. 25), trabalhando em carreiras, anel mágico (p. 32), trocar de cor no início da volta (p. 35), dividir o corpo em duas partes (p. 47), bordado (p. 38), unindo partes (p. 39)

Nota: *Este boneco é feito com fio duplo do fio sport para criar uma mistura de cinza-escuro e cinza-claro. Certifique-se de que tem 2 novelos ou utilize as duas pontas de cada novelo.*

CABEÇA

(começar com 2 fios em preto)
Comece pelo nariz.
Vlt 1: inicie com 6 pb em um anel mágico [6]
Vlt 2: (pb no próximo pt, aum no pt seguinte) repetir 3 vezes [9]
Vlt 3: pb em todos os 9 pt [9]
Vlt 4: (pb nos próximos 2 pt, aum no pt seguinte) repetir 3 vezes [12]
Vlt 5-6: pb em todos os 12 pt [12]
Vlt 7: (pb nos próximos 3 pt, aum no pt seguinte) repetir 3 vezes [15]
Vlt 8-9: pb em todos os 15 pt [15]
Trocar para 1 fio em preto e 1 fio em azul-claro.
Vlt 10: (pb nos próximos 4 pt, aum no pt seguinte) repetir 3 vezes [18]
Vlt 11-12: pb em todos os 18 pt [18]
Vlt 13: (pb nos próximos 5 pt, aum no pt seguinte) repetir 3 vezes [21]
Vlt 14-15: pb em todos os 21 pt [21]
Trocar para 2 fios em azul-claro.
Vlt 16: (pb nos próximos 6 pt, aum no pt seguinte) repetir 3 vezes [24]
Vlt 17-18: pb em todos os 24 pt [24]
Vlt 19: (pb nos próximos 7 pt, aum no pt seguinte) repetir 3 vezes [27]

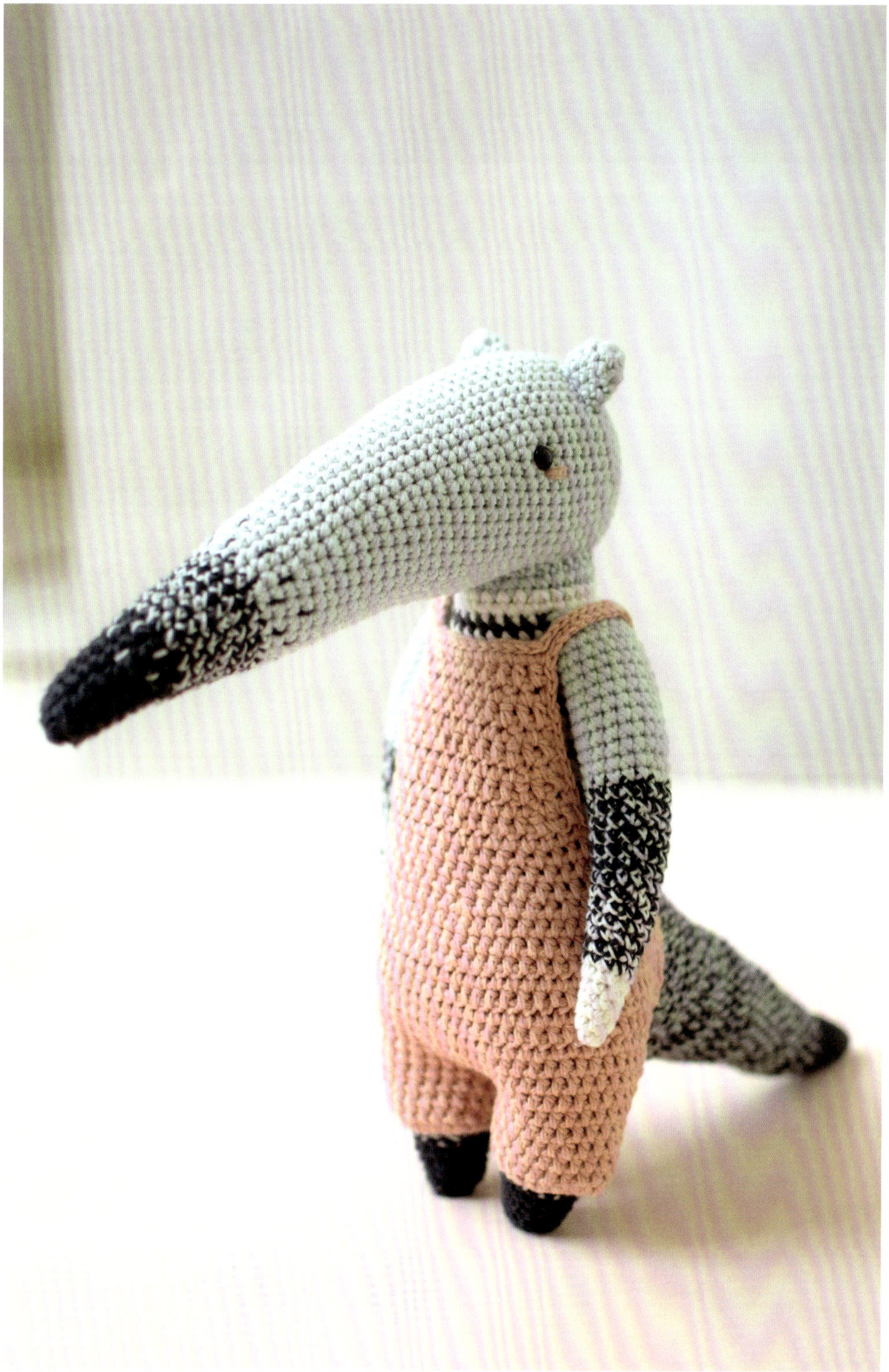

Vlt 20-21: pb em todos os 27 pt [27]
Borde linhas em azul-claro na parte preta do nariz e linhas pretas na parte azul-clara.
Vlt 22: (pb nos próximos 8 pt, aum no pt seguinte) repetir 3 vezes [30]
Vlt 23-24: pb em todos os 30 pt [30]
Encha o nariz e continue enchendo enquanto trabalha.
Vlt 25: (pb nos próximos 9 pt, aum no pt seguinte) repetir 3 vezes [33]
Vlt 26-27: pb em todos os 33 pt [33]
Vlt 28: (pb nos próximos 10 pt, aum no pt seguinte) repetir 3 vezes [36]
Vlt 29-30: pb em todos os 36 pt [36]
Vlt 31: (pb nos próximos 11 pt, aum no pt seguinte) repetir 3 vezes [39]
Vlt 32-33: pb em todos os 39 pt [39]
Vlt 34: (pb nos próximos 12 pt, aum no pt seguinte) repetir 3 vezes [42]
Vlt 35-37: pb em todos os 42 pt [42]
Vlt 38: (pb nos próximos 13 pt, aum no pt seguinte) repetir 3 vezes [45]
Vlt 39-48: pb em todos os 45 pt [45]
Insira os olhos com trava entre as voltas 40 e 41, com uma distância de 19 pontos. Borde as bochechas com rosa pastel.
Vlt 49: (pb nos próximos 13 pt, dim) repetir 3 vezes [42]
Vlt 50: (pb nos próximos 5 pt, dim) repetir 6 vezes [36]
Vlt 51: (pb nos próximos 4 pt, dim) repetir 6 vezes [30]
Vlt 52: (pb nos próximos 3 pt, dim) repetir 6 vezes [24]
Vlt 53: (pb nos próximos 2 pt, dim) repetir 6 vezes [18]
Vlt 54: (pb no próximo pt, dim) repetir 6 vezes [12]
Vlt 55: dim 6 vezes [6]
Arremate deixando um pedaço longo de fio. Utilize uma agulha de tapeçaria para esconder o fio passando pela laçada da frente dos pontos que restaram e puxe com força para fechar. Esconda o resto do fio.

CORPO

(começar com 2 fios em azul-claro)
27 corr. Certifique-se de que sua corrente não está torcida. Insira a agulha na primeira corrente e una a corrente de base com um pbx. Siga trabalhando em espiral.
Vlt 1-2: pb em todos os 27 pt [27]
Continue em padrão listrado, trocando de cor a cada volta, alternando 2 fios em off-white e 2 em grafite.
Vlt 3: (pb nos próximos 8 pt, aum no pt seguinte) repetir 3 vezes [30]
Vlt 4-7: pb em todos os 30 pt [30]
Vlt 8: (pb nos próximos 4 pt, aum no pt seguinte) repetir 6 vezes [36]
Vlt 9-12: pb em todos os 36 pt [36]
Vlt 13: (pb nos próximos 5 pt, aum no pt seguinte) repetir 6 vezes [42]
Vlt 14-17: pb em todos os 42 pt [42]
Vlt 18: (pb nos próximos 6 pt, aum no pt seguinte) repetir 6 vezes [48]
Vlt 19-22: pb em todos os 48 pt [48]
Troque para 2 fios em azul-claro.
Vlt 23: pt laç atrás (pb nos próximos 7 pt, aum no pt seguinte) repetir 6 vezes [54]
Vlt 24-27: pb em todos os 54 pt [54]
Vlt 28: (pb nos próximos 8 pt, aum no pt seguinte) repetir 6 vezes [60]
Vlt 29-35: pb em todos os 60 pt [60]
Vlt 36: (pb nos próximos 8 pt, dim) repetir 6 vezes [54]
Vlt 37-40: pb em todos os 54 pt [54]

PERNAS

Para fazer as pernas, divida o trabalho identificando 6 pontos para o espaço central entre as pernas, 6 pontos para as costas e 21 pontos para cada perna (você pode usar marcadores para lhe ajudar). Una o último ponto para a perna da parte da frente com a parte das costas, trabalhando em ponto baixo (este ponto baixo será o primeiro da perna). Agora os pontos da primeira perna estão unidos. Continue trabalhando a primeira perna.
Vlt 41-42: pb em todos os 21 pt [21]
Troque para 1 fios em preto e 1 fio em azul-claro.
Vlt 43: pb em todos os 21 pt [21]
Vlt 44: (pb nos próximos 5 pt, dim) repetir 3 vezes [18]
Vlt 45-46: pb em todos os 18 pt [18]

Vlt 47: (pb nos próximos 4 pt, dim) repetir 3 vezes [15]
Troque para 2 fios em preto.
Vlt 48-49: pb em todos os 15 pt [15]
Encha bem o corpo e a perna.
Vlt 50: (pb nos próximos 3 pt, dim) repetir 3 vezes [12]
Vlt 51- 52: pb em todos os 12 pt [12]
Vlt 53: dim 6 vezes [6]
Arremate deixando um pedaço longo de fio. Utilize uma agulha de tapeçaria para esconder o fio passando pela laçada da frente dos pontos que restaram e puxe com força para fechar. Esconda o resto do fio.

SEGUNDA PERNA
Una novamente os 2 fios em azul-claro no 7º ponto não trabalhado na parte das costas da volta 40. Deixe um pedaço longo de fio. Aqui é onde começamos o primeiro ponto da segunda perna.
Vlt 41: pb em todos os 21 pt. Ao chegar no 21º ponto, pb no primeiro ponto para unir a volta [21]
Vlt 42-53: repetir o padrão da primeira perna. Encha mais se necessário. Usando uma agulha de tapeçaria, costure e feche os 6 pontos entre as pernas.
Costure o corpo entre as voltas 38 e 49 da cabeça.

BRAÇOS

(faça 2, comece com 2 fios em off-white)
Vlt 1: inicie com 5 pb em um anel mágico [5]
Vlt 2: pb em todos os 5 pt [5]
Vlt 3: (pb no próximo pt, aum no pt seguinte) repetir 2 vezes, pb no próximo pt [7]
Vlt 4-5: pb em todos os 7 pt [7]
Vlt 6: (pb nos próximos 2 pt, aum no pt seguinte), repetir 2 vezes, pb no pt seguinte [9]
Troque para 1 fio em off-white e 1 fio em preto.
Vlt 7-8: pb em todos os 9 pt [9]
Vlt 9: (pb nos próximos 3 pt, aum no pt seguinte) repetir 2 vezes, pb no pt seguinte [11]
Vlt 10-11: pb em todos os 11 pt [11]
Vlt 12: (pb nos próximos 4 pt, aum no pt seguinte) repetir 2 vezes, pb no pt seguinte [13]
Troque para 1 fio em preto e 1 fio em azul-claro.
Vlt 13-14: pb em todos os 13 pt [13]
Encher um pouco com fibra acrílica e continuar enchendo conforme continua o trabalho.
Vlt 15: (pb nos próximos 5 pt, aum no pt seguinte) repetir 2 vezes, pb no pt seguinte [15]
Vlt 16-17: pb em todos os 15 pt [15]
Vlt 18: (pb nos próximos 6 pt, aum no pt seguinte) repetir 2 vezes, pb no pt seguinte [17]
Troque para dois fios em azul-claro.
Vlt 19-20: pb em todos os 17 pt [17]
Vlt 21: (pb nos próximos 7 pt, aum no pt seguinte) repetir 2 vezes, pb no pt seguinte [19]
Vlt 22-30: pb em todos os 19 pt [19]
Vlt 31: (pb no próximo pt, dim) repetir 6 vezes, pb no pt seguinte [13]
Vlt 32: pb em todos os 13 pt [13]
Arremate deixando um pedaço longo de fio para a costura. Encha mais o braço se necessário. Costure os braços nas laterais entre as voltas 4 e 5.

ORELHAS

(com dois fios em azul-claro)
Vlt 1: inicie com 8 pb em um anel mágico [8]
Vlt 2-4: pb em todos os 8 pt [8]
Arremate deixando um pedaço longo de fio para a costura. Não é necessário encher as orelhas. Achate-as antes de costurar. Costure-as entre as voltas 47 e 48, no topo da cabeça.

RABO

(iniciar com 2 fios em preto)
Vlt 1: inicie com 6 pb em um anel mágico [6]
Vlt 2: pb em todos os 6 pt [6]
Vlt 3: (pb no próximo pt, aum no pt seguinte) repetir 3 vezes [9]
Vlt 4-5: pb em todos os 9 pt [9]
Vlt 6: (pb nos próximos 2 pt, aum no pt seguinte) repetir 3 vezes [12]
Vlt 7-8: pb em todos os 12 pt [12]
Vlt 9: (pb nos próximos 3 pt, aum no pt seguinte) repetir 3 vezes [15]
Vlt 10-11: pb em todos os 15 pt [15]
Troque para 1 fio em preto e 1 fio em azul-claro.
Vlt 12: (pb nos próximos 4 pt, aum no pt seguinte) repetir 3 vezes [18]
Vlt 13-14: pb em todos os 18 pt [18]
Vlt 15: (pb nos próximos 5 pt, aum no pt seguinte) repetir 3 vezes [21]
Vlt 16-17: pb em todos os 21 pt [21]
Vlt 18: (pb nos próximos 6 pt, aum no pt seguinte) repetir 3 vezes [24]
Vlt 19-20: pb em todos os 24 pt [24]
Vlt 21: (pb nos próximos 7 pt, aum no pt seguinte) repetir 3 vezes [27]
Vlt 22-23: pb em todos os 27 pt [27]
Vlt 24: (pb nos próximos 8 pt, aum no pt seguinte) repetir 3 vezes [30]
Vlt 25-26: pb em todos os 30 pt [30].
Encha o rabo e continue enchendo conforme trabalha

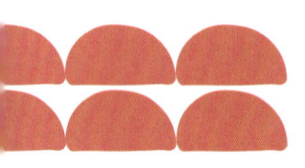

Vlt 27: (pb nos próximos 9 pt, aum no pt seguinte) repetir 3 vezes [33]
Vlt 28-29: pb em todos os 33 pt [33]
Vlt 30: (pb nos próximos 10 pt, aum no pt seguinte) repetir 3 vezes [36]
Vlt 31-32: pb em todos os 36 pt [36]
Vlt 33: (pb nos próximos 11 pt, aum no pt seguinte) repetir 3 vezes [39]
Vlt 34-35: pb em todos os 39 pt [39]
Vlt 36: (pb nos próximos 12 pt, aum no pt seguinte) repetir 3 vezes [42]
Vlt 37-38: pb em todos os 42 pt [42]
Troque para 2 fios em azul-claro.
Vlt 39: (pb nos próximos 13 pt, aum no pt seguinte) repetir 3 vezes [45]
Vlt 40-42: pb em todos os 45 pt [45]
Arremate deixando um pedaço longo de fio para a costura. Encha com fibra acrílica. Costure o rabo atrás, centralizado entre as voltas 23 a 37.

132

JARDINEIRA

(com 2 fios em rosa pastel)
Comece pelas pernas, faça duas.
24 corr. Certifique-se de que sua corrente não está torcida. Insira a agulha na primeira corrente e una a corrente de base com um pbx, 2 corr. Continue trabalhando em espiral.
Vlt 1-4: pma em todos os 24 pt [24]
Arremate e esconda os fios da primeira perna. Repita as voltas 1 a 4 para a segunda perna, mas não arremate, este fio será usado para unir as pernas na próxima volta para fazer a jardineira.
Vlt 5: 4 corr, pma no último pt na primeira perna, pma nos próximos 23 pt da primeira perna, pma nas 4 corr, pma nos próximos 24 pt da segunda perna, pma nas próximas 4 corr [56]
Feche o buraco entre as pernas usando uma agulha de tapeçaria.
Vlt 6-8: pma em todos os 56 pt [56]
Vlt 9: pma nos próximos 50 pt. Não finalize essa carreira. Faça um espaço de 12 pontos para o rabo. Continue crochetando em carreiras. 2 corr, virar. Note que trabalhamos os pontos nas carreiras 10-31 entre os pontos, não no topo dos pontos da volta anterior.
Carr 10-14: pma entre os próximos 44 pt, 2 corr, virar [44]
Carr 15: pma entre os próximos 44 pt. 12 corr. Unir a última corr ao primeiro pt desta carreira, trabalhando pma (este pma será o primeiro ponto da próxima volta). Agora os pontos da jardineira estão unidos. Continue trabalhando em espiral.
Vlt 16-17: pma entre os próximos 56 pt [56]
Vlt 18: (pma entre os próximos 5 pt, dim) repetir 8 vezes [48]
Vlt 19-20: pma entre os próximos 48 pt [48]
Vlt 21: pma entre os próximos 32 pt [32]. Não finalize esta volta.
Agora trabalhe o peitilho central. Continue trabalhando em carreiras. (Achate a jardineira para checar se está fora do ponto da perna direita. Se você ainda não chegou lá, trabalhe mais alguns pma ou desfaça alguns). 2 corr, virar.
Carr 22-23: pma entre os próximos 20 pt, 2 corr, virar [20]
Carr 24: pma nos próximos 2 pt, dim, pma entre os próximos 12 pt, dim, pma nos próximos 2 pt, 2 corr, virar [18]
Carr 25: pma entre os próximos 18 pt, 2 corr, virar [18]
Carr 26: pma nos próximos 2 pt, dim, pma entre os próximos 10 pt, dim, pma entre os próximos 2 pt, 2 corr, virar [16]
Carr 27: pma entre os próximos 16 pt, 2 corr, virar [16]
Carr 28: pma nos próximos 2 pt, dim, pma entre os próximos 8 pt, dim, pma entre os próximos 2 pt, 2 corr, virar [14]
Carr 29: pma entre os próximos 14 pt, 2 corr, virar [14]
Carr 30: pma nos próximos 2 pt, dim, pma entre os próximos 6 pt, dim, pma entre os próximos 2 pt, 2 corr, virar [12]
Carr 31: pma entre os próximos 12 pt [12]
Não arremate. Faça as alças. 25 corr e una a corrente no cós das costas, trabalhando pb (use o espaço do rabo como central e conte 8 pt à esquerda do peitilho e una com um pb no 9º ponto). Continue trabalhando no cós, pb nos próximos 11 pt (você já fez 12 pb no total das costas do cós). 25 corr e una a alça ao último pt da carr 31 (este pb conta como o primeiro pt do peitilho), pb nos próximos 12 pt do peitilho.
Carr 32: continue na alça, pbx nas próximas 25 corr, continue no cós, pbx nos próximos 12 pt, continue na segunda alça, pbx nas próximas 25 corr, continue no topo do peitilho, pbx nos próximos 12 pt [74]
Arremate e esconda os fios. Agora, vamos ajeitar as laterais do peitilho. Una o fio rosa pastel na lateral de fora da alça no cós. Pbx nos próximos 25 pt da alça, pbx nas próximas 13 laterais do lado esquerdo do peitilho, pbx nos próximos 8 pt do cós. Arremate e esconda os fios. Repita do outro lado da jardineira.

Javier Cabra

Javier trabalha com seus parentes na fazenda de azeitonas na sua cidade no sul da Espanha. Eles produzem o melhor azeite de oliva da região e ele tem muito orgulho de fazer parte. Ele também tem um sonho horticultural próprio: na última visita à sua tia Marcia Alpaca, ele se apaixonou pela agricultura peruana. Com a ajuda das sementes que Marcia lhe deu, Javi começou a plantar uma variedade de milhos, batatas e tomates na sua terra. Seu sonho é cultivar todas as variedades que existiram na América do Sul, recuperar os sabores originais e tratar a terra gentilmente. Enquanto espera suas plantações crescerem, ele passa horas tricotando e está pensando em aprender a tingir e fiar seus próprios novelos.

NÍVEL DE HABILIDADE
★★★

Tamanho:
33 cm de altura quando feito com o fio indicado (chifres incluídos)

Materiais:
– Fio worsted em
  · marrom
  · off-white
  · grafite
  · amarelo
  · preto
  · rosa pastel
– Agulha de crochê tamanho 2,75 mm
– Olho preto com trava (10 mm)
– Fibra acrílica

Habilidades necessárias:
anel mágico (p. 32), trabalhando ao redor de uma corrente de base (p. 34), trocando de cor no início da volta (p. 35), trocando de cor no meio da volta (p. 35), trabalhando em carreiras, dividindo o corpo em duas partes (p. 47), ponto musgo (p. 28), bordado (p. 38), unindo partes (p. 39)

Nota: A cabeça e o corpo são trabalhados juntos em uma peça.

BOCHECHAS

(faça 2 em rosa pastel)
Vlt 1: inicie com 8 pb em um anel mágico [8]
Pbx no próximo pt. Arremate deixando um pedaço longo de fio para a costura.

FOCINHO

(em off-white)
Vlt 1: inicie com 6 pb em um anel mágico [6]
Vlt 2: aum em todos os 6 pt [12]
Vlt 3: (pb no próximo pt, aum no pt seguinte) repetir 6 vezes [18]
Vlt 4: (pb nos próximos 2 pt, aum no pt seguinte) repetir 6 vezes [24]
Vlt 5-7: pb em todos os 24 pt [24]
Vlt 8: (pb nos próximos 5 pt, aum no pt seguinte) repetir 4 vezes [28]
Vlt 9: pb em todos os 28 pt [28]
Arremate deixando um pedaço longo de fio para a costura. Borde o nariz e a boca com fio preto. Encha o focinho com fibra acrílica.

CABEÇA E CORPO

(iniciar em marrom)
Vlt 1: inicie com 6 pb em um anel mágico [6]
Vlt 2: aum em todos os 6 pt [12]
Vlt 3: (pb no próximo pt, aum no pt seguinte) repetir 6 vezes [18]
Continue trabalhando alternando os fios (marrom e off-white). A cor que você deve trabalhar será indicada antes de cada parte.
Vlt 4: (marrom) (pb nos próximos 2 pt, aum no pt seguinte) repetir 2 vezes, (off-white) pb nos próximos 2 pt, aum no pt seguinte, pb nos próximos 2 pt, (marrom) aum no pt seguinte, (pb nos próximos 2 pt, aum no pt seguinte) repetir 2 vezes [24]
Vlt 5: (marrom) (pb nos próximos 3 pt, aum no pt seguinte) repetir 2 vezes, (off-white) pb nos próximos 3 pt, aum no pt seguinte, pb nos próximos 2 pt, (marrom) pb no próximo pt, aum no pt seguinte, (pb nos próximos 3 pt, aum no pt seguinte) repetir 2 vezes [30]
Vlt 6: (marrom) (pb nos próximos 4 pt, aum no pt seguinte) repetir 2 vezes, (off-white) pb nos próximos 4 pt, aum no

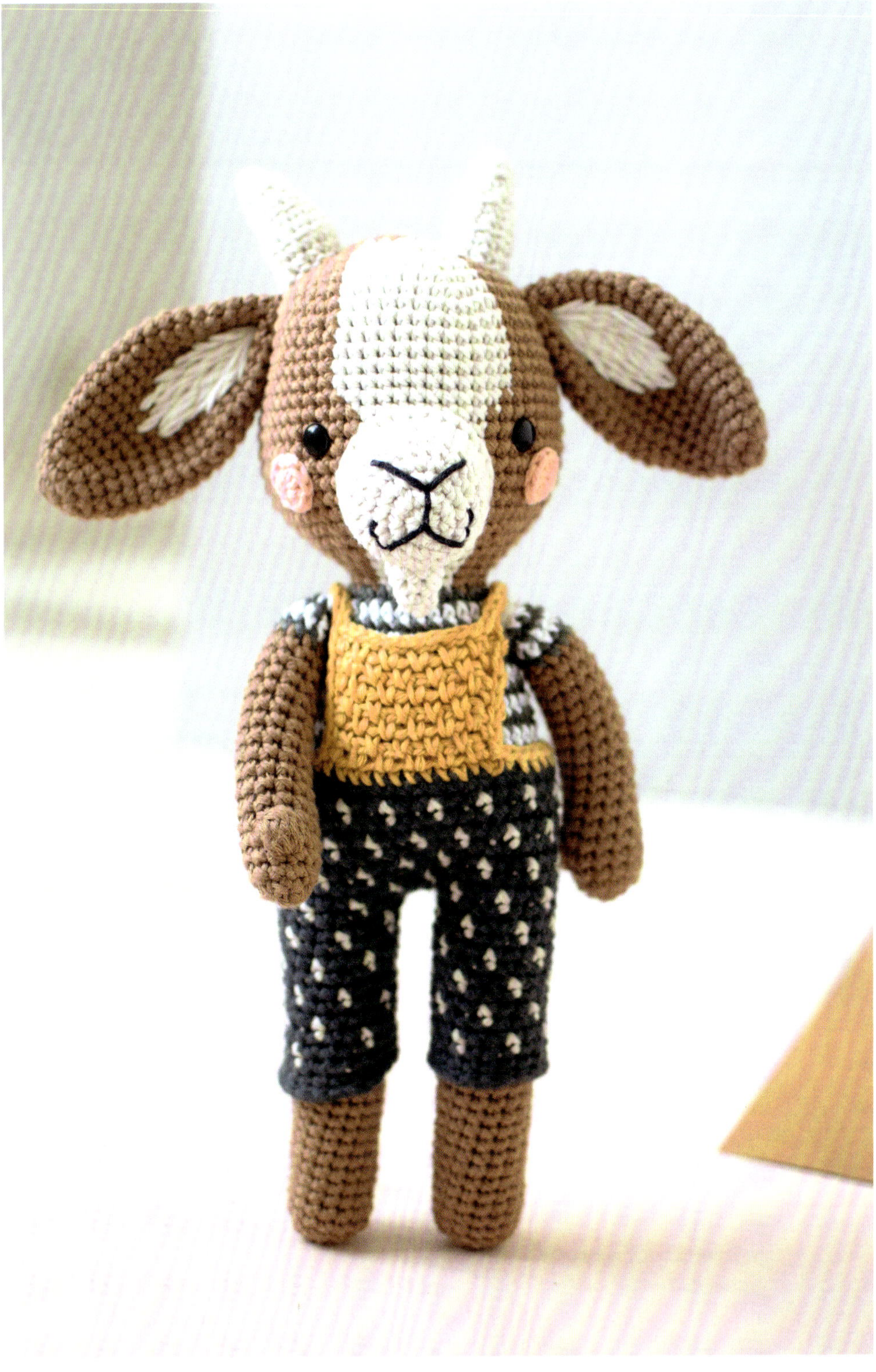

pt seguinte, pb nos próximos 2 pt, (marrom) pb nos próximos 2 pt, aum no pt seguinte, (pb nos próximos 4 pt, aum no pt seguinte) repetir 2 vezes [36]
Vlt 7: (marrom) (pb nos próximos 5 pt, aum no pt seguinte) repetir 2 vezes, (off-white) pb nos próximos 5 pt, aum no pt seguinte, pb nos próximos 2 pt, (marrom) pb nos próximos 3 pt, aum no pt seguinte, (pb nos próximos 5 pt, aum no pt seguinte) repetir 2 vezes [42]
Vlt 8: (marrom) (pb nos próximos 6 pt, aum no pt seguinte) repetir 2 vezes, (off-white) pb nos próximos 6 pt, aum no pt seguinte, pb nos próximos 2 pt, (marrom) pb nos próximos 4 pt, aum no pt seguinte, (pb nos próximos 6 pt, aum no pt seguinte) repetir 2 vezes [48]
Vlt 9: (marrom) (pb nos próximos 7 pt, aum no pt seguinte) repetir 2 vezes, (off-white) pb nos próximos 7 pt, aum no pt seguinte, pb nos próximos 2 pt, (marrom) pb nos próximos 5 pt, aum no pt seguinte, (pb nos próximos 7 pt, aum no pt seguinte) repetir 2 vezes [54]
Vlt 10: (marrom) (pb nos próximos 8 pt, aum no pt seguinte) repetir 2 vezes, (off-white) pb nos próximos 8 pt, aum no pt seguinte, pb nos próximos 2 pt, (marrom) pb nos próximos 6 pt, aum no pt seguinte, (pb nos próximos 8 pt, aum no pt seguinte) repetir 2 vezes [60]
Vlt 11-15: (marrom) pb nos próximos 20 pt, (off-white) pb nos próximos 12 pt, (marrom) pb nos próximos 28 pt [60]
Vlt 16: (marrom) pb nos próximos 21 pt, (off-white) pb nos próximos 10 pt, (marrom) pb nos próximos 29 pt [60]
Vlt 17-18: (marrom) pb nos próximos 22 pt, (off-white) pb nos próximos 8 pt, (marrom) pb nos próximos 30 pt [60]
Continue trabalhando em marrom.
Vlt 19-23: pb em todos os 60 pt [60]
Continue trabalhando alternando os fios (marrom e off-white). A cor que você deve trabalhar será indicada antes de cada parte.
Vlt 24: (marrom) (pb nos próximos 3 pt, dim) repetir 4 vezes, pb no próximo pt, (off-white) pb nos próximos 2 pt, dim, pb nos próximos 3 pt, dim, pb nos próximos 2 pt, (marrom) pb no próximo pt, dim, (pb nos próximos 3 pt, dim) repetir 5 vezes [48]
Vlt 25: (marrom) (pb nos próximos 2 pt, dim) repetir 4 vezes, pb no próximo pt, (off-white) pb no próximo pt, dim, pb nos próximos 2 pt, dim, pb nos próximos 2 pt, (marrom) dim, (pb nos próximos 2 pt, dim) repetir 5 vezes [36]
Costure o focinho entre as voltas 17 e 25. Insira os olhos de segurança entre as voltas 18 e 19 a 3 pontos de distância do focinho. Costure as bochechas abaixo dos olhos.

Vlt 26: (marrom) (pb nos próximos 4 pt, dim) repetir 2 vezes, pb no próximo pt, (off-white) pb nos próximos 3 pt, dim, pb nos próximos 2 pt, (marrom) pb nos próximos 2 pt, dim (pb nos próximos 4 pt, dim) repetir 2 vezes [30]
Vlt 27: (marrom) (pb nos próximos 3 pt, dim) repetir 2 vezes, pb no próximo pt, (off-white) pb nos próximos 2 pt, dim, pb nos próximos 2 pt, (marrom) pb no próximo pt, dim, (pb nos próximos 3 pt, dim) repetir 2 vezes [24]
Vlt 28: (marrom) pb nos próximos 4 pt, dim, pb nos próximos 3 pt, (off-white) pb no próximo pt, dim, pb nos próximos 2 pt, (marrom) pb nos próximos 2 pt, dim, pb nos próximos 4 pt, dim [20]
Vlt 29: (marrom) pb nos próximos 8 pt, (off-white) pb nos próximos 4 pt, (marrom) pb nos próximos 8 pt [20]
Encha bem a cabeça. Continue no padrão listrado, trocando de cor a cada volta, alternando entre o fio grafite e off-white.
Vlt 30: (pb no próximo pt, aum no próximo pt) repetir 10 vezes [30]
Vlt 31-32: pb em todos os 30 pt [30]
Vlt 33: (pb nos próximos 4 pt, aum no pt seguinte) repetir 6 vezes [36]
Vlt 34-37: pb em todos os 36 pt [36]
Vlt 38: (pb nos próximos 8 pt, aum no pt seguinte) repetir 4 vezes [40]
Vlt 39-41: pb em todos os 40 pt [40]
Troque para marrom.
Vlt 42: pb laç atrás em todos os 40 pt [40]
Vlt 43-47: pb em todos os 40 pt [40]

PERNAS

Para fazer as pernas, divida o trabalho identificando 4 pontos para o espaço central entre as pernas, 4 pontos centrais para as costas e 16 pontos para cada perna (você pode usar marcadores para lhe ajudar). Se as pernas não estão bem alinhadas com a cabeça, faça mais alguns pontos baixos no corpo ou desfaça alguns pontos. Una o último ponto para a perna da parte da frente com a parte das costas, trabalhando em ponto baixo (este ponto baixo será o primeiro da perna). Agora os pontos da primeira perna estão unidos. Continue trabalhando a primeira perna.

Vlt 48-73: pb em todos os 16 pt [16]
Encha bem o corpo e a perna.
Vlt 74: (pb nos próximos 2 pt, dim) repetir 4 vezes [12]
Vlt 75: dim 6 vezes [6]
Arremate deixando um pedaço longo de fio. Utilize uma agulha de tapeçaria para esconder o fio passando pela laçada da frente dos pontos que restaram e puxe com força para fechar. Esconda o resto do fio.

SEGUNDA PERNA
Una novamente o fio marrom no 5º ponto não trabalhado na parte das costas da volta 47. Aqui é onde começamos o primeiro ponto da segunda perna. Deixe um pedaço longo de fio.
Vlt 48: pb em todos os 16 pt. Ao chegar no 16º ponto, pb no primeiro ponto para unir a volta [16]
Vlt 49-75: repetir o padrão da primeira perna.
Encha a segunda perna e acrescente mais ao corpo se necessário. Usando uma agulha de tapeçaria, costure e feche os 4 pontos entre as pernas.

BRAÇOS

(faça 2, inicie em marrom)
Vlt 1: inicie com 6 pb em um anel mágico [6]
Vlt 2: aum em todos os 6 pt [12]
Vlt 3-4: pb em todos os 12 pt [12]
Vlt 5: pb no próximo pt, bolha no pt seguinte, pb nos próximos 10 pt [12]
Vlt 6-17: pb em todos os 12 pt [12]

Continue em padrão listrado, mudando de cor em cada carreira, alternando entre os fios grafite e off-white.
Vlt 18-20: pb em todos os 12 pt [12]
Vlt 21: (pb no próximo pt, dim), repetir 4 vezes [8]
Arremate deixando um pedaço longo de fio para a costura. Encha com fibra acrílica. Costure os braços nas laterais entre as voltas 31 e 32.

CHIFRES

(faça 2 em off-white)
Vlt 1: inicie com 6 pb em um anel mágico [6]
Vlt 2: pb em todos os 6 pt [6]
Vlt 3: laç atrás (pb no próximo pt, aum no pt seguinte) repetir 3 vezes [9]
Vlt 4: pb em todos os 9 pt [9]
Vlt 5: laç atrás (pb nos próximos 2 pt, aum no pt seguinte) repetir 3 vezes [12]
Vlt 6: pb em todos os 12 pt [12]
Vlt 7: pb laç atrás em todos os 12 pt [12]
Vlt 8: pb em todos os 12 pt [12]
Arremate deixando um pedaço longo de fio para a costura. Encha um pouco com fibra acrílica. Costure os chifres no topo da cabeça, entre as voltas 4 e 8.

ORELHAS

(faça 2 em marrom)
Vlt 1: inicie com 6 pb em um anel mágico [6]
Vlt 2: aum em todos os 6 pt [12]
Vlt 3: pb em todos os 12 pt [12]
Vlt 4: (pb no próximo pt, aum no pt seguinte) repetir 6 vezes [18]
Vlt 5-6: pb em todos os 18 pt [18]
Vlt 7: (pb nos próximos 2 pt, aum no pt seguinte) repetir 6 vezes [24]
Vlt 8-14: pb em todos os 24 pt [24]
Vlt 15: (pb nos próximos 4 pt, dim) repetir 4 vezes [20]
Vlt 16-17: pb em todos os 20 pt [20]
Vlt 18: (pb nos próximos 3 pt, dim) repetir 4 vezes [16]
Vlt 19-20: pb em todos os 16 pt [16]
Arremate deixando um pedaço longo de fio para a costura, Não é necessário encher. Borde listras em off-white dentro da orelha. Achate e puxe as orelhas. Costure as orelhas no topo da cabeça, entre as voltas 9 e 11.

BARBICHA

(em off-white)
Vlt 1: inicie com 5 pb em um anel mágico [5]
Vlt 2: pb em todos os 5 pt [5]
Vlt 3: (pb no próximo pt, aum no pt seguinte) repetir 2 vezes, pb no pt seguinte [7]
Vlt 4: pb em todos os 7 pt [7]
Arremate deixando um pedaço longo de fio para a costura. Encha um pouco. Costure a barbicha abaixo do focinho, entre as voltas 7 e 9.

RABO

(em marrom)
Vlt 1: inicie com 5 pb em um anel mágico [5]
Vlt 2: pb em todos os 5 pt [5]
Vlt 3: aum em todos os 5 pt [10]
Vlt 4: pb em todos os 10 pt [10]
Arremate deixando um pedaço longo de fio para a costura. Não é necessário encher. Costure o rabo atrás, centralizado entre as voltas 42 e 43.

JARDINEIRA

(inicie em grafite)
48 corr. Certifique-se de que sua corrente não está torcida. Insira a agulha na primeira corrente e una a corrente de base com um pbx. Continue trabalhando em espiral.
Vlt 1: pb em todos os 48 pt [48]
Vlt 2: (pb nos próximos 23 pt, aum no próximo pt) repetir 2 vezes [50]
Continue trabalhando em padrão jacquard, alternando as voltas com 2 pt em fio grafite e 1 pt em fio off-white, com voltas planas em grafite (ver o diagrama).
Vlt 3: pb em todos os 50 pt [50]
Vlt 4: pb nos próximos 2 pt, 5 corr, pular 5 pt, pb nos próximos 43 pt [50]
Vlt 5-9: pb em todos os 50 pt [50]

PERNAS DAS JARDINEIRAS

Para fazer as pernas da jardineira, divida o trabalho identificando 4 pontos para o espaço central entre as pernas, 4 pontos centrais para as costas e 21 pontos para cada perna da jardineira. Certifique-se de que o buraco do rabo está centralizado. Una o último ponto para a perna da jardineira da parte da frente com a parte das costas, trabalhando em ponto baixo. Agora os pontos da primeira perna da jardineira estão unidos. Continue trabalhando a primeira perna da jardineira.
Vlt 10-20: (em padrão jacquard) pb em todos os 21 pt [21]
Vlt 21: (em grafite) pbx em todos os 21 pt [21]
Arremate e esconda os fios.

SEGUNDA PERNA
Una novamente o fio grafite no 5º ponto não trabalhado na parte das costas da volta 10. Aqui é onde começamos o primeiro ponto da segunda perna da jardineira.
Vlt 10-21: repetir o padrão da primeira perna da jardineira.
Arremate e esconda os fios. Usando uma agulha de tapeçaria, costure e feche os 4 pontos entre as pernas.

PEITILHO DA JARDINEIRA

(em amarelo)
Continue trabalhando o peitilho. Trabalhe em carreiras nos 12 pontos centrais da volta 1. Insira sua agulha com o lado direito para você e puxe uma laçada.
Carr 1: pb em todos os 12 pt, 1 corr, virar [12]
Carr 2-7: ponto musgo em todos os 12 pt, 1 corr, virar [12]
Carr 8: ponto musgo em todos os 12 pt [12]
Não arremate. Faça alças e cós. 21 corr, inicie na segunda corrente a partir da agulha, pbx em todos os 20 pt. Continue no topo da frente do peitilho, pbx nos próximos 12 pt, 21 corr, iniciar na segunda corrente a partir da agulha, pbx nos próximos 20 pt, pb nas próximas 8 carreiras laterais do peitilho. Continue pelo cós, pb nos próximos 7 pt, dim, pb nos próximos 19 pt, dim, pb nos próximos 7 pt. Continue com o lado direito do peitilho, pb nas próximas 8 carreiras laterais do peitilho. Arremate e esconda os fios. Cruze as alças nas costas e costure-as na jardineira.

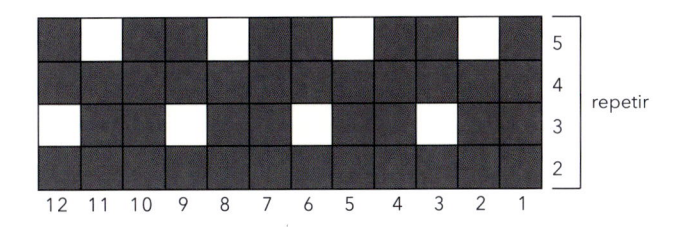

Nira Tigresa

Nira sempre se descreveu como artesã. Tapeçaria, crochê, tricô, macramé, diga a técnica que lhe digo que ela já dominou. Ela também tem outro emprego: é designer em um laboratório de tecnologia onde aplica todas as suas habilidades para criar tecidos sustentáveis e reciclados que podem ser usados em diferentes áreas da ciência e construção. Mas Nira não fala muito sobre seu trabalho, pois muitas pessoas se entendiam com os detalhes técnicos ou às vezes parece que ela está se gabando. Ela prefere passar despercebida, sentando quieta em um café, tricotando cachecóis enquanto imagina como vai enfrentar o desafio da próxima trama.

NÍVEL DE HABILIDADE ★★★

Tamanho:
32 cm de altura se feito com o fio indicado (orelhas incluídas)

Materiais:
– Fio worsted em
  · rosa pastel
  · off-white
  · preto
  · vermelho-antigo
  · amarelo
  · cinza-esverdeado
– Fio fingering em
  · verde-azulado
– Agulha de crochê tamanho 2,75mm
– Agulha de crochê tamanho 3,25 mm
– Olhos de segurança de 10 mm
– Fibra de acrílico

Habilidades necessárias:
anel mágico (p. 32), trabalhando ao redor da corrente de base (p. 34), trocando de cor no início da volta (p. 35), trocando de cor no meio da volta (p. 35), dividindo o corpo em duas partes (p. 47), ponto cestaria pontudo (p. 29), bordado (p. 38), unindo partes (p. 39)

Nota: Use a agulha tamanho 2,75 mm a não ser quando o tamanho for indicado.

Nota: A cabeça e o corpo são trabalhados juntos em uma peça.

Nota: Este design foi feito usando o ponto baixo X (p. 23). Se você fizer o ponto baixo V, as listras ficarão alinhadas de um lado e mais largas do outro. Talvez você tenha que mudar as listras para que fiquem posicionadas no meio.

FOCINHO

(iniciar em off-white)
8 corr. Os pontos são trabalhados ao redor da corrente de base.
Vlt 1: inicie na segunda corr a partir da agulha, aum neste pt, pb nos próximos 5 pt, 3 pb no próximo pt. Continue trabalhando do outro lado da corrente de base, pb nos próximos 6 pt [16]
Continue trabalhando alternando os fios (off-white e rosa pastel). A cor que você deve trabalhar será indicada antes de cada parte.
Vlt 2: (off-white) aum nos próximos 2 pt, pb nos próximos 5 pt, aum nos próximos 2 pt, (rosa pastel) aum no próximos pt, pb nos próximos 5 pt, aum no próximo pt [22]
Vlt 3-5: (rosa pastel) pb no próximo pt, (off-white) pb nos próximos 12 pt, (rosa pastel) pb nos próximos 9 pt [22]
Arremate deixando um pedaço longo de fio para a costura. Borde o nariz e a boca com fio preto. Encha o focinho com fibra acrílica.

CABEÇA E CORPO

(iniciar em rosa pastel)
Vlt 1: inicie com 6 pb em um anel mágico [6]
Vlt 2: aum em todos os 6 pt [12]
Vlt 3: (pb no próximo pt, aum no pt seguinte) repetir 6 vezes [18]
Vlt 4: (pb nos próximos 2 pt, aum no pt seguinte) repetir 6 vezes [24]
Vlt 5: (pb nos próximos 3 pt, aum no pt seguinte) repetir 6 vezes [30]
Vlt 6: (pb nos próximos 4 pt, aum no pt seguinte) repetir 6 vezes [36]
Continue trabalhando alternando os fios (rosa pastel e vermelho-antigo). A cor que você deve trabalhar será indicada antes de cada parte.
Vlt 7: (rosa pastel) (pb nos próximos 5 pt, aum no pt seguinte) repetir 3 vezes, (vermelho-antigo) pb nos próximos

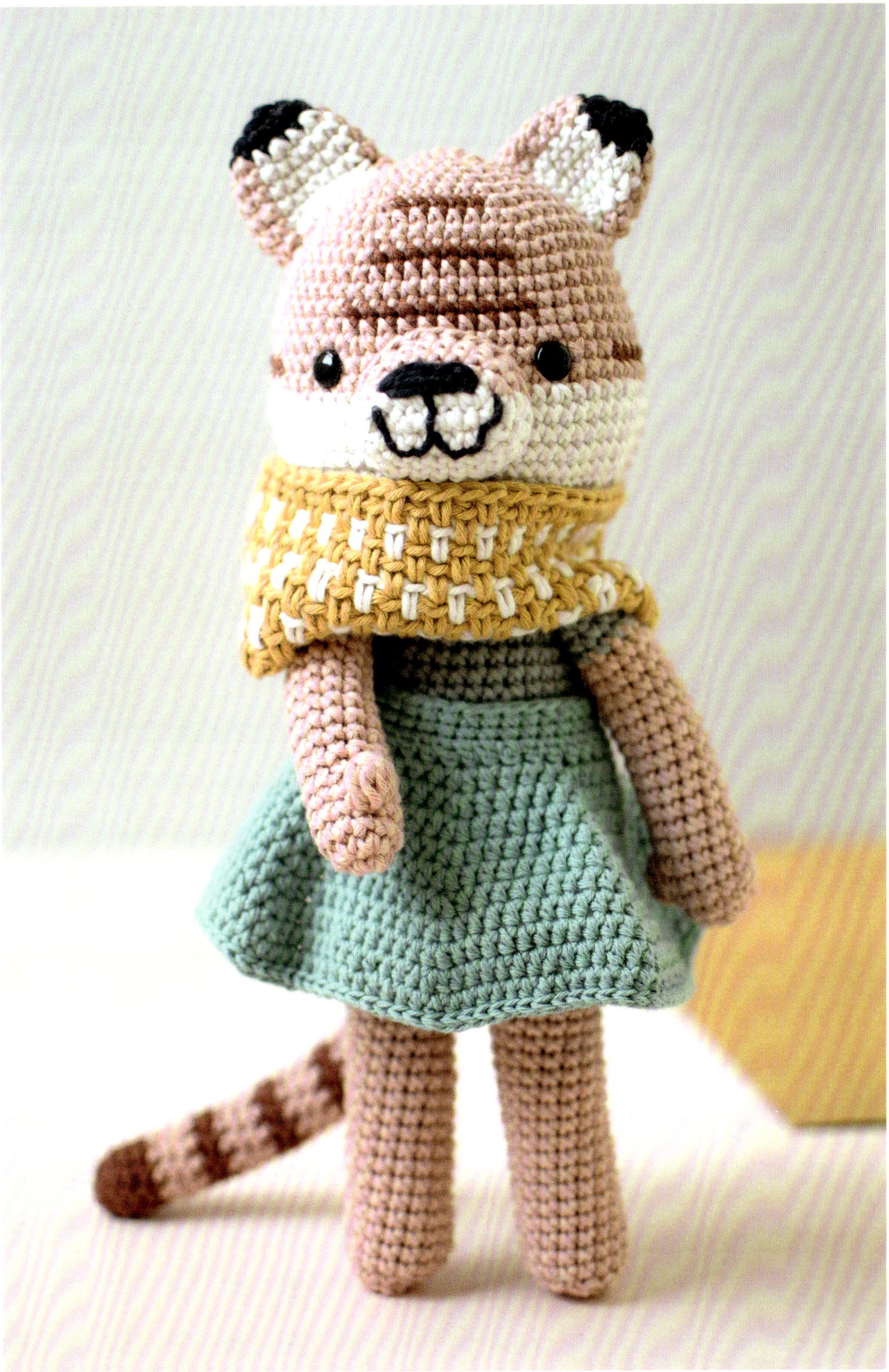

5 pt, (rosa pastel) aum no próximo pt, (pb nos próximos 5 pt, aum no pt seguinte) repetir 2 vezes [42]

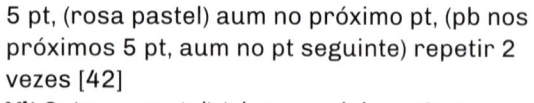

Vlt 8: (rosa pastel) (pb nos próximos 6 pt, aum no pt seguinte) repetir 6 vezes [48]

Vlt 9: (rosa pastel) (pb nos próximos 7 pt, aum no pt seguinte) repetir 6 vezes [54]

Vlt 10: (rosa pastel) pb nos próximos 26 pt, (vermelho-antigo) pb nos próximos 8 pt, (rosa pastel) pb nos próximos 20 pt [54]

Vlt 11-12: (rosa pastel) pb em todos os 54 pt [54]

Vlt 13: (rosa pastel) pb nos próximos 25 pt, (vermelho-antigo) pb nos próximos 10 pt, (rosa pastel) pb nos próximos 19 pt [54]

Vlt 14: (rosa pastel) pb em todos os 54 pt [54]

Vlt 15: (rosa pastel) (pb nos próximos 8 pt, aum no pt seguinte) repetir 6 vezes [60]

Vlt 16: (rosa pastel) pb nos próximos 13 pt, (vermelho-antigo) pb nos próximos 10 pt, (rosa pastel) pb nos próximos 20 pt, (vermelho-antigo) pb nos

próximos 10 pt, (rosa pastel) pb nos próximos 7 pt [60]
Vlt 17: (rosa pastel) pb em todos os 60 pt [60]
Troque para off-white.
Vlt 18: (pb nos próximos 4 pt, aum no pt seguinte) repetir 12 vezes [72]
Vlt 19-22: pb em todos os 72 pt [72]
Vlt 23: (pb nos próximos 4 pt, dim) repetir 12 vezes [60]
Vlt 24: (pb nos próximos 3 pt, dim) repetir 12 vezes [48]
Vlt 25: (pb nos próximos 2 pt, dim) repetir 12 vezes [36]
Costure o focinho entre as voltas 15 e 22, abaixo das 3 linhas em vermelho-antigo. Insira os olhos de segurança entre as voltas 16 e 17, com 2 pontos de distância do focinho.
Vlt 26: (pb nos próximos 4 pt, dim) repetir 6 vezes [30]
Vlt 27: (pb nos próximos 3 pt, dim) repetir 6 vezes [24]
Vlt 28: (pb nos próximos 4 pt, dim) repetir 4 vezes [20]
Vlt 29: pb em todos os 20 pt [20]
Troque para cinza-esverdeado.
Vlt 30: (pb nos próximos 4 pt, aum no pt seguinte) repetir 4 vezes [24]
Vlt 31: (pb nos próximos 3 pt, aum no pt seguinte) repetir 6 vezes [30]
Vlt 32-33: pb em todos os 30 pt
Vlt 34: (pb nos próximos 4 pt, aum no pt seguinte) repetir 6 vezes [36]
Vlt 35-36: pb em todos os 36 pt [36]
Vlt 37: (pb nos próximos 8 pt, aum no pt seguinte) repetir 4 vezes [40]
Vlt 38-40: pb em todos os 40 pt [40]
Troque para rosa pastel.
Vlt 41: pb laç atrás em todos os 40 pt [40]
Vlt 42: pb em todos os 40 pt [40]
Nas próximas voltas, trabalhe linhas em vermelho-antigo nas laterais do corpo. Essas linhas devem estar alinhadas com as linhas nas laterais da cabeça. Se elas não estão alinhadas, faça mais alguns pb ou desfaça alguns.
Vlt 43: (rosa pastel) pb nos próximos 10 pt, (vermelho-antigo) pb nos próximos 10 pt, (rosa pastel) pb nos próximos 10 pt, (vermelho-antigo) pb nos próximos 10 pt [40]
Vlt 44-45: (rosa pastel) pb nos próximos 40 pt [40]
Vlt 46: (rosa pastel) pb nos próximos 10 pt, (vermelho-antigo) pb nos próximos 10 pt, (rosa pastel) pb nos próximos 10 pt, (vermelho-antigo) pb nos próximos 10 pt [40]

PERNAS

Para fazer as pernas, divida o trabalho identificando 4 pontos para o espaço central entre as pernas, 4 pontos para as costas e 16 pontos para cada perna (você pode usar marcadores para lhe ajudar). Se as pernas não estão bem alinhadas com a cabeça, faça mais alguns pontos baixos no corpo ou desfaça alguns pontos. Una o último ponto para a perna da parte da frente com a parte das costas, trabalhando em ponto baixo (este ponto baixo será o primeiro da perna). Agora os pontos da primeira perna estão unidos. Continue trabalhando a primeira perna.
Vlt 47-48: (rosa pastel) pb em todos os 16 pt [16]
Na próxima volta, será trabalhada a última linha em vemelho-antigo. Essa linha deve estar alinhada com as outras linhas do corpo. Se elas não estão alinhadas, faça mais alguns pontos ou desfaça alguns.
Vlt 49: (rosa pastel) pb nos próximos 2 pt, (vermelho-antigo) pb nos próximos 10 pt, (rosa pastel) pb nos próximos 4 pt [16]
Continue trabalhando em rosa pastel.
Vlt 50-72: pb em todos os 16 pt [16]
Encha o corpo e a perna firmemente com fibra acrílica.
Vlt 73: (pb nos próximos 2 pt, dim) repetir 4 vezes [12]
Vlt 74: dim 6 vezes [6]
Arremate deixando um pedaço longo de fio. Utilize uma agulha de tapeçaria para esconder o fio passando pela laçada da frente dos pontos que restaram e puxe com força para fechar. Esconda o resto do fio.

SEGUNDA PERNA
Una novamente o fio rosa pastel no 5° ponto não trabalhado na parte das costas da volta 46. Deixe um pedaço longo de fio. Aqui é onde começamos o primeiro ponto da segunda perna.
Vlt 47: pb em todos os 16 pt. Ao chegar no 16° ponto, pb no primeiro ponto para unir a volta [16]
Vlt 48-74: repetir o padrão da primeira perna.
Encha mais o corpo se necessário. Usando uma agulha de tapeçaria, costure e feche os 4 pontos entre as pernas.

BRAÇOS

(faça 2, comece com rosa pastel)
Vlt 1: inicie com 6 pb em um anel mágico [6]
Vlt 2: aum em todos os 6 pt [12]
Vlt 3-4: pb em todos os 12 pt [12]
Vlt 5: pb no próximo pt, bolha no ponto seguinte, pb nos próximos 10 pt [12]
Vlt 6-17: pb nos próximos 12 pt [12]
Troque para cinza-esverdeado.
Vlt 18-20: pb em todos os 12 pontos [12]
Vlt 21: (pb no próximo pt, dim) repetir 4 vezes [8]
Arremate deixando um pedaço longo de fio para a costura. Encha com fibra acrílica. Costure os braços dos dois lados das laterais entre as voltas 31 e 32.

ORELHAS

(faça 2, inicie em preto)
Vlt 1: inicie com 6 pb em um anel mágico [6]
Vlt 2: aum em todos os 6 pt [12]
Continue trabalhando alternando os fios (rosa pastel e off-white). A cor que você deve trabalhar será indicada antes de cada parte.
Vlt 3: (rosa pastel) (pb no próximo pt, aum no pt seguinte) repetir 4 vezes, (off-white) (pb no próximo pt, aum no pt seguinte) repetir 2 vezes [18]
Vlt 4-7: (rosa pastel) pb nos próximos 12 pt, (off-white) pb nos próximos 6 pt [18]
Arremate deixando um pedaço longo de fio para a costura. Não encha. Achate as orelhas. Costure-as na cabeça.

CÓS

em verde-azulado)
Una o fio verde-azulado ao primeiro ponto da volta 1 da saia.
Vlt 1-3: pb em todos os 40 pt [40]
Arremate e esconda os fios.

SAIA

(em verde-azulado)
40 corr. Certifique-se de que sua corrente não está torcida. Insira a agulha na primeira corrente e una a corrente de base com um pbx. Continue trabalhando em espiral.
Vlt 1: pma em todos os 40 pt [40]
Vlt 2: (pma nos próximos 4 pt, aum no pt seguinte) repetir 8 vezes [48]
Vlt 3: (pma nos próximos 5 pt, aum no pt seguinte) repetir 8 vezes [56]
Vlt 4: (pma nos próximos 6 pt, aum no pt seguinte) repetir 8 vezes [64]
Vlt 5: (pma nos próximos 7 pt, aum no pt seguinte) repetir 8 vezes [72]
Vlt 6: (pma nos próximos 8 pt, aum no pt seguinte) repetir 8 vezes [80]
Vlt 7: (pma nos próximos 9 pt, aum no pt seguinte) repetir 8 vezes [88]
Vlt 8: (pma nos próximos 10 pt, aum no pt seguinte) repetir 8 vezes [96]
Vlt 9: (pma nos próximos 11 pt, aum no pt seguinte) repetir 8 vezes [104]
Vlt 10: (pma nos próximos 12 pt, aum no pt seguinte) repetir 8 vezes [112]
Vlt 11: pma em todos os 112 pt [112]
Vlt 12: pbx em todos os 112 pt [112]
Arremate e esconda os fios.

RABO

(inicie em vermelho-antigo)
Vlt 1: inicie com 5 pb em um anel mágico [5]
Vlt 2: aum em todos os 5 pt [10]
Vlt 3-5: pb em todos os 10 pt [10]
Troque para rosa pastel. Continue em padrão listrado, alternando 3 voltas em rosa pastel e 2 voltas em vermelho-antigo. Encha um pouco com fibra acrílica e continue enchendo enquanto trabalha.
Vlt 6-43: pb em todos os 10 pt [10]
Arremate deixando um pedaço longo de fio para a costura. Encha mais o rabo se necessário. Costure o rabo atrás, centralizado na volta 43.

GOLA

(use uma agulha de crochê tamanho 3,25 mm, inicie em amarelo)

50 corr. Certifique-se de que sua corrente não está torcida. Insira a agulha na primeira corrente e una a corrente de base com um pbx. Continue trabalhando em espiral.

Vlt 1: pb em todos os 50 pt [50]
Vlt 2: (pb laç atrás no próximo pt, pontudo no pt da volta anterior) repetir até o fim da carreira [50]
Troque para o fio off-white.
Vlt 3: (pontudo no próximo ponto da volta anterior, pb laç atrás no próximo pt) repetir até o final da volta [50]
Troque para o fio amarelo.
Vlt 4: (pb laç atrás no próximo pt, pontudo no pt da volta anterior) repetir até o fim da carreira [50]
Vlt 5: (pontudo no próximo ponto da carreira anterior, pb laç atrás no próximo pt) repetir até o final da volta.
Troque para o fio off-white.
Vlt 6-11: repetir as voltas 3 a 5 mais duas vezes.
Arremate e esconda os fios.

Sebastião Leão

Como um roteirista e fantochista, Bastio sabia exatamente o que queria ser desde a primeira vez que assistiu O Cristal Encantado. Seus olhos não acreditavam no que viam, todo trabalho por trás de cada cena, os meses (e até anos) necessários para criar um incrível mundo animado usando somente bonecos e fios (e várias mecânicas intrincadas que acabou descobrindo depois). Naquele mesmo dia, ele começou a construir seu primeiro fantoche. Com sorte, seu amigo James Pato (que tinha recém-começado a colecionar antiguidades) conseguiu para Bastio todos os materiais necessários para organizar o cenário e adereços. Com o passar do tempo, ele criou uma pequena companhia de fantoches e, depois de ter trabalhado em diversos filmes grandes de animação e séries, ele agora trabalha duro com suas habilidades de escrita para se aventurar no mundo dos roteiros.

NÍVEL DE HABILIDADE
★★★

Size:
Tamanho:
28 cm de altura se feito com o fio indicado

Materiais:
– Fio worsted em
  · amarelo-ocre
  · marrom (Nota: a juba requer tanto fio quanto o corpo)
  · off-white
  · branco
  · azul-petróleo
  · rosa pastel
  · preto
– Agulha de crochê tamanho 2,75 mm
– Olho preto de segurança (8 mm)
– Fibra acrílica

FOCINHO

(iniciar em preto)
Vlt 1: inicie com 6 pb em um anel mágico [6]
Vlt 2: aum em todos os 6 pt [12]
Vlt 3: pb em todos os 12 pt [12]
Troque para o fio amarelo-ocre.
Vlt 4: (pb nos próximos 3 pt, aum no pt seguinte) repetir 3 vezes [15]
Vlt 5-21: pb em todos os 15 pt [15]
Arremate deixando um pedaço longo de fio para a costura.
Não é necessário encher o focinho. Achate o focinho. Borde pequenas linhas marrom no topo.

CABEÇA

(iniciar em off-white)
Vlt 1: inicie com 6 pb em um anel mágico [6]
Vlt 2: aum em todos os 6 pt [12]
Vlt 3: (pb no próximo pt, aum no pt seguinte) repetir 6 vezes [18]
Vlt 4: (pb nos próximos 2 pt, aum no pt seguinte) repetir 6 vezes [24]
Vlt 5: (pb nos próximos 3 pt, aum no pt seguinte) repetir 6 vezes [30]
Vlt 6: pb em todos os 30 pt [30]
Troque para amarelo-ocre.
Vlt 7-8: pb em todos os 30 pt [30]
Vlt 9: pb nos próximos 14 pt, aum nos próximos 2 pt, pb nos próximos 14 pt [32]
Vlt 10-11: pb em todos os 32 pt [32]
Vlt 12: (pb nos próximos 7 pt, aum no pt seguinte) repetir 4 vezes [36]

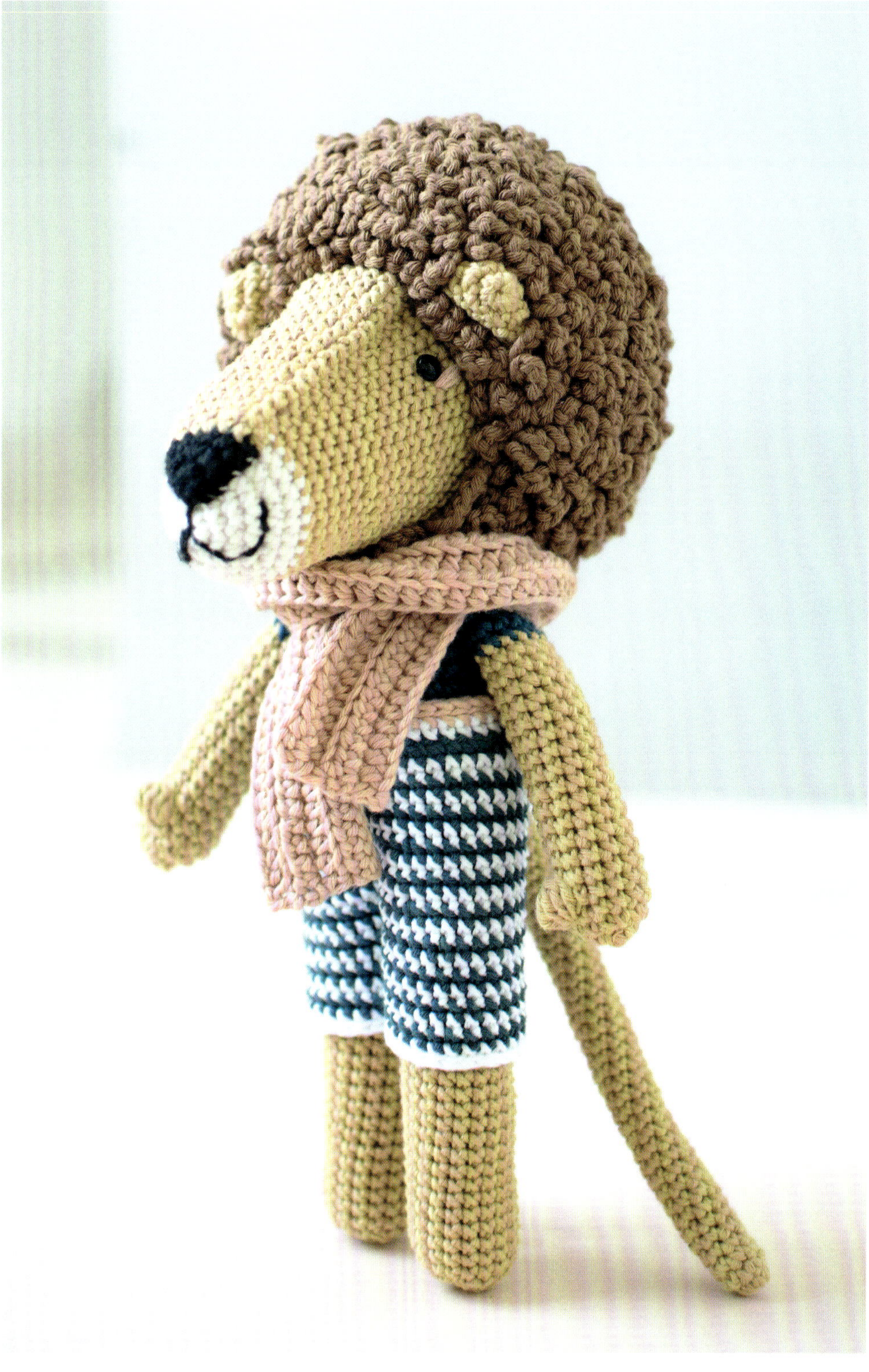

Vlt 13-15: pb em todos os 36 pt [36]
Vlt 16: (pb nos próximos 8 pt, aum no pt seguinte) repetir 4 vezes [40]
Vlt 17-19: pb em todos os 40 pt [40]
Vlt 20: (pb nos próximos 9 pt, aum no pt seguinte) repetir 4 vezes [44]
Vlt 21-22: pb em todos os 44 pt [44]
Troque para fio marrom. Depois, faça a base para a juba do leão.
Nota: *Neste padrão o marrom é trabalhado passando pelos dois fios. Você pode escolher trabalhar pelo laç atrás se achar que pode lhe ajudar a fazer a juba mais facilmente.*
Vlt 23: pb nos próximos 7 pt, aum no pt seguinte, (pb nos próximos 5 pt, aum no pt seguinte) repetir

5 vezes, pb nos próximos 6 pt [50]
Vlt 24: pb em todos os 50 pt [50]
Vlt 25: pb nos próximos 8 pt, aum no pt seguinte, (pb nos próximos 6 pt, aum no pt seguinte) repetir 5 vezes, pb nos próximos 6 pt [56]
Vlt 26: pb nos próximos 9 pt, aum no pt seguinte, (pb nos próximos 7 pt, aum no pt seguinte) repetir 5 vezes, pb nos próximos 6 pt [62]
Costure o focinho na cabeça entre as voltas 2 e 22. O focinho deve ser posicionado do lado oposto do início da volta. Leve em conta os aumentos da juba para centralizar o nariz. Borde a boca com fio preto. Insira os olhos de segurança entre as voltas 19 e 20, com cerca de 3 pontos de distância do nariz. Usando o fio rosa pastel, borde pequenas bochechas atrás dos olhos.
Vlt 27: pb nos próximos 19 pt, aum no pt seguinte, (pb nos próximos 8 pt, aum no pt seguinte) repetir 3 vezes, aum nos próximos 15 pt [66]
Vlt 28-30: pb em todos os 66 pt [66]
Vlt 31: (pb nos próximos 9 pt, dim) repetir 6 vezes [60]
Vlt 32: (pb nos próximos 8 pt, dim) repetir 6 vezes [54]
Vlt 33: (pb nos próximos 7 pt, dim) repetir 6 vezes [48]
Vlt 34: (pb nos próximos 6 pt, dim) repetir 6 vezes [42]
Vlt 35: (pb nos próximos 5 pt, dim) repetir 6 vezes [36]
Vlt 36: (pb nos próximos 4 pt, dim) repetir 6 vezes [30]
Encha bem a cabeça com fibra acrílica.
Vlt 37: (pb nos próximos 3 pt, dim) repetir 6 vezes [24]
Vlt 38: (pb nos próximos 2 pt, dim) repetir 6 vezes [18]
Vlt 39: (pb no próximo pt, dim) repetir 6 vezes [12]
Vlt 40: dim 6 vezes [6]
Arremate deixando um pedaço longo de fio. Utilize uma agulha de tapeçaria para esconder o fio passando pela laçada da frente dos pontos que restarem e puxe com força para fechar. Esconda o resto do fio.

CORPO

(iniciar em amarelo-ocre)
Deixe um fio longo para começar. 24 corr. Certifique-se de que sua corrente não está torcida. Insira a agulha na primeira corrente e una a corrente de base com um pbx. Continue trabalhando em espiral.
Vlt 1-2: pb em todos os 24 pt [24]
Troque para azul-petróleo.
Vlt 3: (pb nos próximos 3 pt, aum no pt seguinte) repetir 6 vezes [30]
Vlt 4-6: pb em todos os 30 pt [30]
Vlt 7: (pb nos próximos 4 pt, aum no pt seguinte) repetir 6 vezes [36]
Vlt 8-10: pb em todos os 36 pt [36]
Vlt 11: (pb nos próximos 8 pt, aum no pt seguinte) repetir 4 vezes [40]
Vlt 12-13: pb em todos os 40 pt [40]
Troque para amarelo-ocre.
Vlt 14: pb laç atrás em todos os 40 pt [40]
Vlt 15-20: pb em todos os 40 pt [40]

PERNAS

Para fazer as pernas, divida o trabalho identificando 2 pontos para o espaço central entre as pernas, 2 pontos para as costas e 18 pontos para cada perna (você pode usar marcadores para lhe ajudar). Una o último ponto para a perna da parte da frente com a parte das costas, trabalhando em ponto baixo (este ponto baixo será o primeiro da perna). Agora os pontos da primeira perna estão unidos. Continue trabalhando a primeira perna.
Vlt 21-46: pb em todos os 18 pt [18]
Encha bem o corpo e a perna.
Vlt 47: (pb no próximo pt, dim) repetir 6 vezes [12]
Vlt 48: dim 6 vezes [6]
Arremate deixando um pedaço longo de fio para a costura. Utilize uma agulha de tapeçaria para esconder o fio passando pela laçada da frente dos pontos que restarem e puxe com força para fechar. Esconda o resto do fio.

SEGUNDA PERNA
Una novamente o fio amarelo-ocre no 3º ponto não trabalhado na parte das costas da volta 20. Deixe um pedaço longo de fio. Aqui é onde começamos o primeiro ponto da segunda perna.
Vlt 21: pb em todos os 18 pt. Ao chegar no 18º ponto, pb no primeiro ponto para unir a volta [18].
Vlt 22-48: repetir o padrão da primeira perna.
Encha mais se necessário.
Usando uma agulha de tapeçaria, costure e feche os 2 pontos entre as pernas.
Costure a cabeça ao corpo. A cabeça deve ser bem costurada para dar o suporte para o tanto de cabelo que ele terá.

ORELHAS

(faça 2 em amarelo-ocre)
Vlt 1: inicie com 6 pb em um anel mágico [6]
Vlt 2: aum em todos os 6 pt [12]
Vlt 3-5: pb em todos os 12 pt [12]
Arremate deixando um pedaço longo de fio para a costura. Não encha. Achate as orelhas e costure-as nas voltas 25 e 26 da cabeça.

JUBA

(em marrom)
Insira a agulha na lateral da primeira volta de marrom da cabeça.
8 corr. Una com um pbx no ponto ao lado. Continue trabalhando o cabelo em todos os pontos da primeira volta da juba. Repetir em todas as outras voltas em marrom, agora trabalhando 10 corr. Quando chegar na área do pescoço, trabalhe 12 corr.

151

BRAÇOS

(faça 2, inicie em amarelo-ocre)
Vlt 1: inicie com 6 pb em um anel mágico [6]
Vlt 2: aum em todos os 6 pt [12]
Vlt 3-4: pb em todos os 12 pt [12]
Vlt 5: pb no próximo pt, bolha no ponto seguinte, pb nos próximos 10 pt [12]
Vlt 6-18: pb em todos os 12 pt [12]
Troque para azul-petróleo.
Vlt 19-21: pb em todos os 12 pt [12]
Vlt 22: (pb no próximo pt, dim) repetir 4 vezes [8]
Arremate deixando um pedaço longo de fio para a costura. Encha com fibra acrílica. Costure os braços dos dois lados entre as voltas 3 e 4.

RABO

(em amarelo-ocre)
Vlt 1: inicie com 8 pb em um anel mágico [8]
Lembre-se de encher aos poucos com fibra acrílica e continue enchendo à medida que avança.
Vlt 2-40: pb em todos os 8 pt [8]
Arremate deixando um pedaço longo de fio para a costura. Adicione mais enchimento ao rabo se necessário. Costure o rabo centralizado nas costas na volta 15.

SHORTS

(inicie em azul-petróleo)
44 corr. Certifique-se de que sua corrente não está torcida. Insira a agulha na primeira corrente e una a corrente de base com um pbx. Continue trabalhando em espiral.
Trabalhe em padrão listrado, trocando de cor a cada volta, alternando entre azul-petróleo e branco.
Vlt 1-4: pb em todos os 44 pt [44]
Vlt 5: pb nos próximos 37 pt, 5 corr, pular 5 pt, pb nos próximos 2 pt [44]
Vlt 6: pb em todos os 44 pt [44]
Vlt 7: (pb nos próximos 10 pt, aum no pt seguinte) repetir 4 vezes [48]
Vlt 8-10: pb em todos os 48 pt [48]
Vlt 11: (pb nos próximos 11 pt, aum no pt seguinte) repetir 4 vezes [52]
Vlt 12-13: pb em todos os 52 pt [52]

PERNAS DO SHORTS

Para fazer as pernas do shorts, divida o trabalho identificando 2 pontos para o espaço central entre as pernas, 2 pontos para as costas e 24 pontos para cada perna do shorts (você pode usar marcadores para lhe ajudar). Certifique-se de que os cinco pontos do buraco para o rabo estão centralizados. Una o último ponto para a perna do shorts da parte da frente com a parte das costas, trabalhando em ponto baixo (este ponto baixo será o primeiro da perna do shorts). Agora os pontos da primeira perna do shorts estão unidos. Continue trabalhando a primeira perna do shorts no padrão listrado:
Vlt 14-20: pb em todos os 24 pt [24]
Vlt 21: pbx em todos os 24 pt [24]
Arremate e esconda os fios.

SEGUNDA PERNA DO SHORTS
Una novamente o fio branco no 3° ponto não

trabalhado na parte das costas da volta 13. Aqui é onde começamos o primeiro ponto da segunda perna do shorts.

Vlt 14: pb em todos os 24 pt [24]. No 3º ponto, una 1 pb no primeiro ponto da volta [24]

Vlt 15-21: repetir o padrão da primeira perna do shorts.

Arremate e esconda os fios.

Usando uma agulha de tapeçaria, costure e feche os 2 pontos entre as pernas.

CÓS

(iniciar em branco)
Una o fio branco no primeiro ponto da volta 1.
Vlt 1: pb em todos os 44 pt [44]
Troque para rosa pastel.
Vlt 2: pb em todos os 44 pt [44]
Vlt 3: pbx em todos os 44 pt [44]
Arremate e esconda os fios.

CACHECOL

(em rosa pastel)
110 corr. Trabalhe em carreiras.
Carr 1: inicie da terceira corr a partir da agulha, pma em todos os 108 pt, 2 corr, virar [108]
Carr 2-3: pma laç atrás em todos os 108 pt, 2 corr, virar [108]
Carr 4: pma laç atrás em todos os 108 pt [108]
Arremate e esconda os fios.

Thomas Lobo-guará

Thomas nasceu em algum lugar entre Argentina, Paraguai e Brasil. Ele não sabe exatamente onde e a verdade é que ele nem se importa. Thomas acredita muito que fronteiras são ridículas e que deveríamos ter parado de usar esse conceito há muito tempo, mas ele mesmo pesquisa fronteiras e a vida nessas regiões. Ele leva seu trabalho muito a sério, mas não significa que ele não é um cara engraçado. Thomas ama uma boa festa e não perde a chance de usar sua supergravata borboleta, um presente do seu amigo Daniel Jack Russell. Ele também quer viajar para as Ilhas Galápagos, onde ele vai se encontrar com Newton Coruja e Darwin Tartaruga para começar a filmar um documentário sobre as inter-relações profundas de todas as coisas do mundo.

NÍVEL DE HABILIDADE ★★★

Tamanho:
28 cm de altura quando feito com o fio indicado (orelhas em pé incluídas)

Materiais:
– Fio worsted em
  · terracota
  · off-white
  · preto
  · rosa pastel
  · azul-claro
  · grafite
– Agulha de crochê tamanho 2,75 mm
– Olho preto de segurança (10 mm)
– Fibra acrílica

Habilidades necessárias:
anel mágico (p. 32), trabalhando ao redor da corrente de base (p. 34), trabalhando em carreiras, trocando de cores no início da volta (p. 35), trabalhando jacquard em crochê de um diagrama (p. 36), dividindo o corpo em quatro partes, bordado (p. 38), unindo partes (p. 39)

Nota: A cabeça e o corpo são trabalhados juntos em uma peça.

BOCHECHAS

(faça 2 em rosa pastel)
Vlt 1: inicie com 6 pb em um anel mágico [6]
Pbx no próximo pt. Arremate deixando um pedaço longo de fio para a costura.

FOCINHO

(iniciar em preto)
Vlt 1: inicie com 6 pb em um anel mágico [6]
Vlt 2: aum em todos os 6 pt [12]
Vlt 3-6: pb em todos os 12 pt [12]
Troque para o fio off-white.
Vlt 7: (pb no próximo pt, aum no pt seguinte) repetir 6 vezes [18]
Vlt 8-9: pb em todos os 18 pt [18]
Continue trabalhando alternando os fios (off-white e terracota). A cor que você deve trabalhar será indicada antes de cada parte.
Vlt 10: (off-white) pb nos próximos 6 pt, (terracota) pb nos próximos 2 pt, aum nos próximos 2 pt, pb nos próximos 2 pt, (off-white) pb nos próximos 6 pt [20]
Vlt 11: (off-white) pb nos próximos 6 pt, (terracota) pb nos próximos 8 pt, (off-white) pb nos próximos 6 pt [20]
Vlt 12: (off-white) pb nos próximos 6 pt, (terracota) pb nos próximos 2 pt, aum nos próximos 4 pt, pb nos próximos 2 pt, (off-white) pb nos próximos 6 pt [24]
Vlt 13: (off-white) pb nos próximos 6 pt, (terracota) pb nos próximos 12 pt, (off-white) pb nos próximos 6 pt [24]
Arremate deixando um pedaço longo de fio para a costura. Borde a boca com fio preto. Encha o focinho com fibra acrílica.

CABEÇA E CORPO

(iniciar em terracota)
Vlt 1: inicie com 6 pb em um anel mágico [6]
Vlt 2: aum em todos os 6 pt [12]
Vlt 3: (pb no próximo pt, aum no pt seguinte) repetir 6 vezes [18]
Vlt 4: (pb nos próximos 2 pt, aum no pt seguinte) repetir 6 vezes [24]
Vlt 5: (pb nos próximos 3 pt, aum no pt seguinte) repetir 6 vezes [30]
Vlt 6: (pb nos próximos 4 pt, aum no pt seguinte) repetir 6 vezes [36]
Vlt 7: (pb nos próximos 5 pt, aum no pt seguinte) repetir 6 vezes [42]

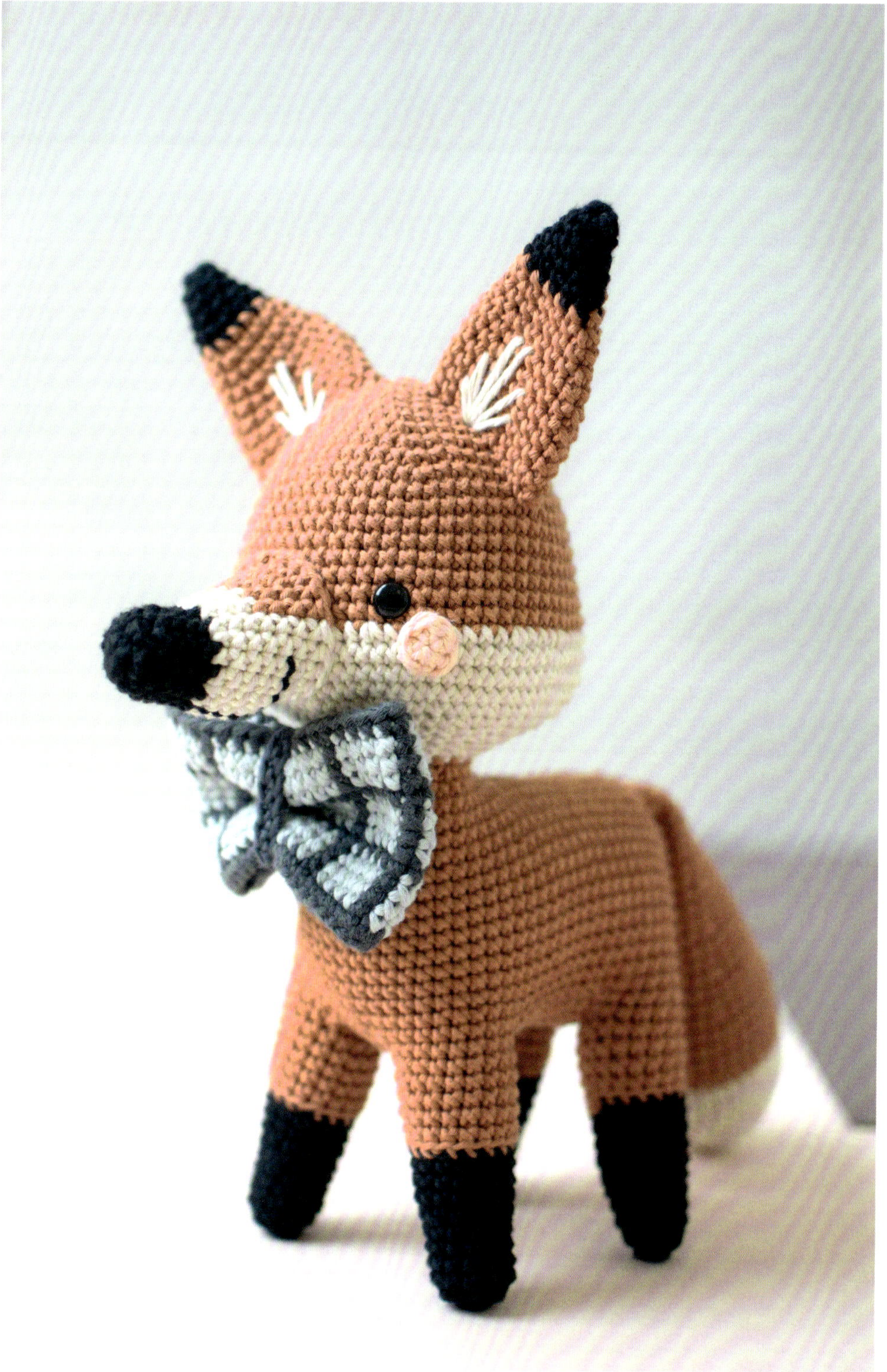

Vlt 8: (pb nos próximos 6 pt, aum no pt seguinte) repetir 6 vezes [48]

Vlt 9: (pb nos próximos 7 pt, aum no pt seguinte) repetir 6 vezes [54]

Vlt 10: (pb nos próximos 8 pt, aum no pt seguinte) repetir 6 vezes [60]

Vlt 11-18: pb em todos os 60 pt [60]
Troque para off-white.

Vlt 19: (pb nos próximos 3 pt, aum no pt seguinte) repetir 15 vezes [75]

Vlt 20-22: pb em todos os 75 pt [75]

Vlt 23: (pb nos próximos 3 pt, dim) repetir 15 vezes [60]

Vlt 24: (pb nos próximos 3 pt, dim) repetir 12 vezes [48]

Vlt 25: (pb nos próximos 2 pt, dim) repetir 12 vezes [36]

Costure o focinho entre as voltas 15 e 22. O focinho deve ser colocado no lado oposto no início da volta. Insira os olhos de segurança entre as voltas 17 e 18, a 3 pontos de distância do focinho. Costure as bochechas atrás dos olhos.

Vlt 26: (pb nos próximos 4 pt, dim) repetir 6 vezes [30]

Vlt 27: (pb nos próximos 3 pt, dim) repetir 6 vezes [24]

Vlt 28: (pb nos próximos 4 pt, dim) repetir 4 vezes [20]

Encha a cabeça. Troque para o fio terracota.

Vlt 29: pb em todos os 20 pt [20]

Vlt 30: (pb nos próximos 4 pt, aum no pt seguinte) repetir 4 vezes [24]

Vlt 31: Ache o lado oposto do focinho. Se você ainda não alcançou este ponto, faça mais alguns pb ou desfaça alguns. 15 corr. Coloque um marcador no próximo pt, este marcará o início da próxima volta. Trabalhe na corrente, aum na segunda corr a partir da agulha, pb nos próximos 13 pt, pb onde começa a corrente de base, continue no pescoço e pb nos próximos 24 pt, continue do outro lado da corrente e pb nos próximos 14 pt [54]

Vlt 32: aum nos próximos 2 pt, pb nos próximos 24 pt, aum no próximo pt, pb no pt seguinte, aum no próximo pt, pb nos próximos 24 pt, aum no pt seguinte [59]

Vlt 33: (pb no próximo pt, aum no pt seguinte) repetir 2 vezes, pb nos próximos 54 pt, aum no pt seguinte [62]

Vlt 34: (pb nos próximos 2 pt, aum no pt seguinte) repetir 2 vezes, pb nos próximos 55 pt, aum no pt seguinte [65]

Vlt 35: pb nos próximos 2 pt, aum no pt seguinte, pb nos próximos 3 pt, aum no pt seguinte, pb nos próximos 26 pt, aum no pt seguinte, pb nos próximos 2 pt, aum no pt seguinte, pb nos próximos 26 pt, aum no pt seguinte, pb no próximo pt [70]

Vlt 36-45: pb em todos os 70 pt [70]

PERNAS

Vamos dividir o trabalho para crochetar as quatro patas.

PRIMEIRA PERNA DE TRÁS
Primeiro, precisamos achar o ponto do meio das costas do corpo. Se você ainda não atingiu este ponto, continue trabalhando até chegar nele.
Então, pb nos próximos 2 pt. Coloque um marcador no próximo pt. Pb os próximos 11 pt, 7 corr. Una a última corrente ao ponto marcado com um pbx.
A perna será formada por 11 pb do corpo e as 7 corr de base. Continue trabalhando na primeira perna de trás.

Vlt 1: pb nos próximos 18 pt (11 no corpo e 7 na corrente) [18]

Vlt 2-6: pb em todos os 18 pt [18]
Troque para fio preto.

Vlt 7: laç atrás (pb nos próximos 4 pt, dim) repetir 3 vezes [15]

Vlt 8-10: pb em todos os 15 pt [15]

Vlt 11: (pb nos próximos 3 pt, dim) repetir 3 vezes [12]

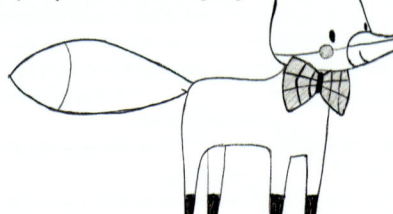

157

Vlt 12-15: pb em todos os 12 pt [12]
Vlt 16: dim 6 vezes [6]
Arremate deixando um pedaço longo de fio. Utilize uma agulha de tapeçaria para esconder o fio passando pela laçada da frente dos pontos que restaram e puxe com força para fechar. Esconda o resto do fio.

PRIMEIRA PERNA DA FRENTE
Conte 9 pontos a partir da primeira perna de trás (esta parte vai virar a barriga) e una o fio terracota ao 10º pt.
Pb nos próximos 11 pt, 7 corr e una a última corr ao primeiro pb com um pbx.
Vlt 1-16: repetir as voltas 1-16 da primeira perna de trás.

SEGUNDA PERNA DA FRENTE
Conte 4 pt à esquerda da primeira perna da frente (esta é o espaço entre as pernas) e una o fio terracota ao 5º pt.
Pb nos próximos 11 pt, 7 corr e una a última corr e o primeiro pb com um pbx.
Vlt 1-16: repetir as voltas 1-16 da primeira perna de trás.

SEGUNDA PERNA DE TRÁS
Conte 9 pt à esquerda da segunda perna da frente (esta parte vai virar o outro lado a barriga) e una o fio terracota ao 10º pt.
Pb nos próximos 11 pt, 7 corr e una a última corr e o primeiro pb com um pbx.
Vlt 1-16: repetir as voltas 1-16 da primeira perna de trás.

BARRIGA
Entre as pernas você tem um espaço de 9 pt nas laterais e 4 pontos na frente e nas costas.
Faça a barriga trabalhando abas nesses pontos. Comece em um espaço de 9 pontos de uma lateral. Una o fio terracota ao primeiro ponto ao lado da primeira perna que você fez. Trabalhe em voltas.
Carr 1-12: pb nos próximos 9 pt, 1 corr, virar [9]
Arremate deixando um pedaço longo de fio para a costura.

ABA ENTRE AS PERNAS
Para a aba das costas, una o fio terracota ao primeiro ponto ao lado da última perna que você fez. Trabalhe em carreiras.
Carr 1-4: pb nos próximos 4 pt, 1 corr, virar [4]
Arremate deixando um pedaço longo de fio para a costura. Trabalhe a aba entre as pernas da frente da mesma maneira.

FINALIZANDO O CORPO
Utilizando uma agulha de tapeçaria, costure a aba frontal às pernas da frente e a aba das costas às pernas de trás. Encha bem cada perna com fibra acrílica.
Costure a aba da barriga ao outro lado do corpo. Então costure a aba da barriga às pernas e as abas entre elas, enchendo o corpo enquanto vai costurando.

ORELHAS

(faça 2, inicie em preto)
Vlt 1: inicie com 6 pb em um anel mágico [6]
Vlt 2: pb em todos os 6 pt [6]
Vlt 3: (pb no próximo pt, aum no pt seguinte) repetir 3 vezes [9]
Vlt 4: pb em todos os 9 pt [9]
Vlt 5: (pb nos próximos 2 pt, aum no pt seguinte) repetir 3 vezes [12]
Troque para o fio terracota.
Vlt 6: pb em todos os 12 pt [12]
Vlt 7: (pb nos próximos 3 pt, aum no pt seguinte) repetir 3 vezes [15]
Vlt 8: pb em todos os 15 pt [15]
Vlt 9: (pb nos próximos 4 pt, aum no pt seguinte) repetir 3 vezes [18]
Vlt 10: pb em todos os 18 pt [18]
Vlt 11: (pb nos próximos 5 pt, aum no pt seguinte) repetir 3 vezes [21]
Vlt 12-15: pb em todos os 21 pt [21]
Arremate deixando um pedaço longo de fio para a costura. Não é necessário encher as orelhas. Borde listras off-white dentro de cada orelha. Achate as orelhas antes de costurá-las na cabeça.

RABO

(iniciar em off-white)
Vlt 1: inicie com 6 pb em um anel mágico [6]
Vlt 2: aum em todos os 6 pt [12]
Vlt 3: (pb no próximo pt, aum no pt seguinte) repetir 6 vezes [18]
Vlt 4: (pb nos próximos 2 pt, aum no pt seguinte) repetir 6 vezes [24]
Vlt 5: pb em todos os 24 pt [24]
Vlt 6: (pb nos próximos 3 pt, aum no pt seguinte) repetir 6 vezes [30]
Vlt 7: pb em todos os 30 pt [30]
Vlt 8: (pb nos próximos 4 pt, aum no pt seguinte) repetir 6 vezes [36]
Vlt 9-11: pb em todos os 36 pt [36]
Troque para o fio terracota.
Vlt 12-16: pb em todos os 36 pt [36]
Vlt 17: (pb nos próximos 7 pt, dim) repetir 4 vezes [32]
Vlt 18-19: pb em todos os 32 pt [32]
Vlt 20: (pb nos próximos 6 pt, dim) repetir 4 vezes [28]
Vlt 21-22: pb em todos os 28 pt [28]
Vlt 23: (pb nos próximos 5 pt, dim) repetir 4 vezes [24]
Vlt 24-25: pb em todos os 24 pt [24]
Vlt 26: (pb nos próximos 4 pt, dim) repetir 4 vezes [20]
Vlt 27-28: pb em todos os 20 pt [20]
Vlt 29: (pb nos próximos 3 pt, dim) repetir 4 vezes [16]
Vlt 30-31: pb em todos os 16 pt [16]
Vlt 32: (pb nos próximos 2 pt, dim) repetir 4 vezes [12]
Vlt 33-34: pb em todos os 12 pt [12]
Arremate deixando um pedaço longo de fio. Encha com fibra acrílica. Costure o rabo nas costas, centralizado entre as voltas 32 e 33.

GRAVATA BORBOLETA

(inicie em grafite)
40 corr. Certifique-se de que sua corrente não está torcida. Insira a agulha na primeira corrente e una a corrente de base com um pbx. Continue trabalhando em espiral em padrão jacquard, alternando os fios grafite e azul-claro (veja o diagrama).
Vlt 1-13: pb em todos os 40 pt [40]
Arremate e esconda os fios.

METADE DO LAÇO
(em grafite)
17 corr. Não unir a corrente.
Carr 1: iniciar da segunda corr a partir da agulha, pb em todos os 16 corr [16]
Arremate deixando um pedaço longo de fio para costurar. Franza a gravata borboleta e costure o laço no meio da gravata. Costure a gravata borboleta ao pescoço.

Ada Ovelhinha

Ada foi criada pela sua avó italiana, uma amante de ópera. Apesar de não entender muito bem como alguém poderia ser fã de uma cantoria tão alta, Ada se apaixonou por música e por ópera quando sua avó lhe mostrou os desenhos animados que assistia na infância, as Sinfonias Tolas. Bom, o resto é história... Ada não só se tornou a mais jovem ovelha condutora de orquestra como ela tem um talento surpreendente como soprano, que já a levou para salas de concertos pelo mundo todo em que ela brama com sua energia e paixão. Pelo menos uma vez ao ano ela visita a Itália para apreciar sua atividade favorita do mundo todo, para sentar e assistir desenhos animados com sua avó enquanto toma um aperitivo.

NÍVEL DE HABILIDADE ★★

Tamanho:
20 cm de altura se feito com o fio indicado (de pé, incluindo as orelhas)

Materiais:
– Fio worsted em
 · off-white
 · rosa pastel
 · preto
– Fio fingering em
 · off-white
 · rosa pastel
 · verde
– Agulha de crochê tamanho 2,75 mm
– Agulha de crochê tamanho 3,25 mm
– Olho preto de segurança (10 mm)
– Fibra acrílica

Habilidades necessárias:
anel mágico (p. 32), trabalhando ao redor da corrente de base (p. 34), trocando de cor no início da volta (p. 35), trabalhando em carreiras, dividindo o corpo em quatro partes (p. 158), bordado (p. 38), unindo partes (p. 39)

CABEÇA

(em off-white)

Vlt 1: inicie com 6 pb em um anel mágico [6]
Vlt 2: aum em todos os 6 pt [12]
Vlt 3: (pb no próximo pt, aum no pt seguinte) repetir 6 vezes [18]
Vlt 4: (pb nos próximos 2 pt, aum no pt seguinte) repetir 6 vezes [24]
Vlt 5: pb em todos os 24 pt [24]
Vlt 6: (pb nos próximos 5 pt, aum no pt seguinte) repetir 4 vezes [28]
Vlt 7: pb em todos os 28 pt [28]
Vlt 8: (pb nos próximos 6 pt, aum no pt seguinte) repetir 4 vezes [32]
Vlt 9: pb em todos os 32 pt [32]
Vlt 10: (pb nos próximos 7 pt, aum no pt seguinte) repetir 4 vezes [36]
Vlt 11: pb em todos os 36 pt [36]
Vlt 12: (pb nos próximos 8 pt, aum no pt seguinte) repetir 4 vezes [40]
Vlt 13: pb em todos os 40 pt [40]
Vlt 14: (pb nos próximos 9 pt, aum no pt seguinte) repetir 4 vezes [44]
Vlt 15-20: pb em todos os 44 pt [44]
Borde o nariz e a boca com fio preto. Insira olhos de segurança entre as voltas 14 e 15, com um espaço de 18 pontos. Borde as bochechas com fio rosa pastel.
Vlt 21: (pb nos próximos 9 pt, dim) repetir 4 vezes [40]
Vlt 22: pb em todos os 40 pt [40]
Vlt 23: (pb nos próximos 8 pt, dim) repetir 4 vezes [36]
Vlt 24: (pb nos próximos 4 pt, dim) repetir 6 vezes [30]
Vlt 25: (pb nos próximos 3 pt, dim) repetir 6 vezes [24]
Encha a cabeça firmemente com fibra acrílica.
Vlt 26: (pb nos próximos 2 pt, dim) repetir 6 vezes [18]
Vlt 27: (pb no próximo pt, dim) repetir 6 vezes [12]
Vlt 28: dim 6 vezes [6]
Arremate deixando um pedaço longo de fio. Utilize uma agulha de tapeçaria para esconder o fio passando pela laçada da frente dos pontos que restaram e puxe com força para fechar. Esconda o resto do fio.

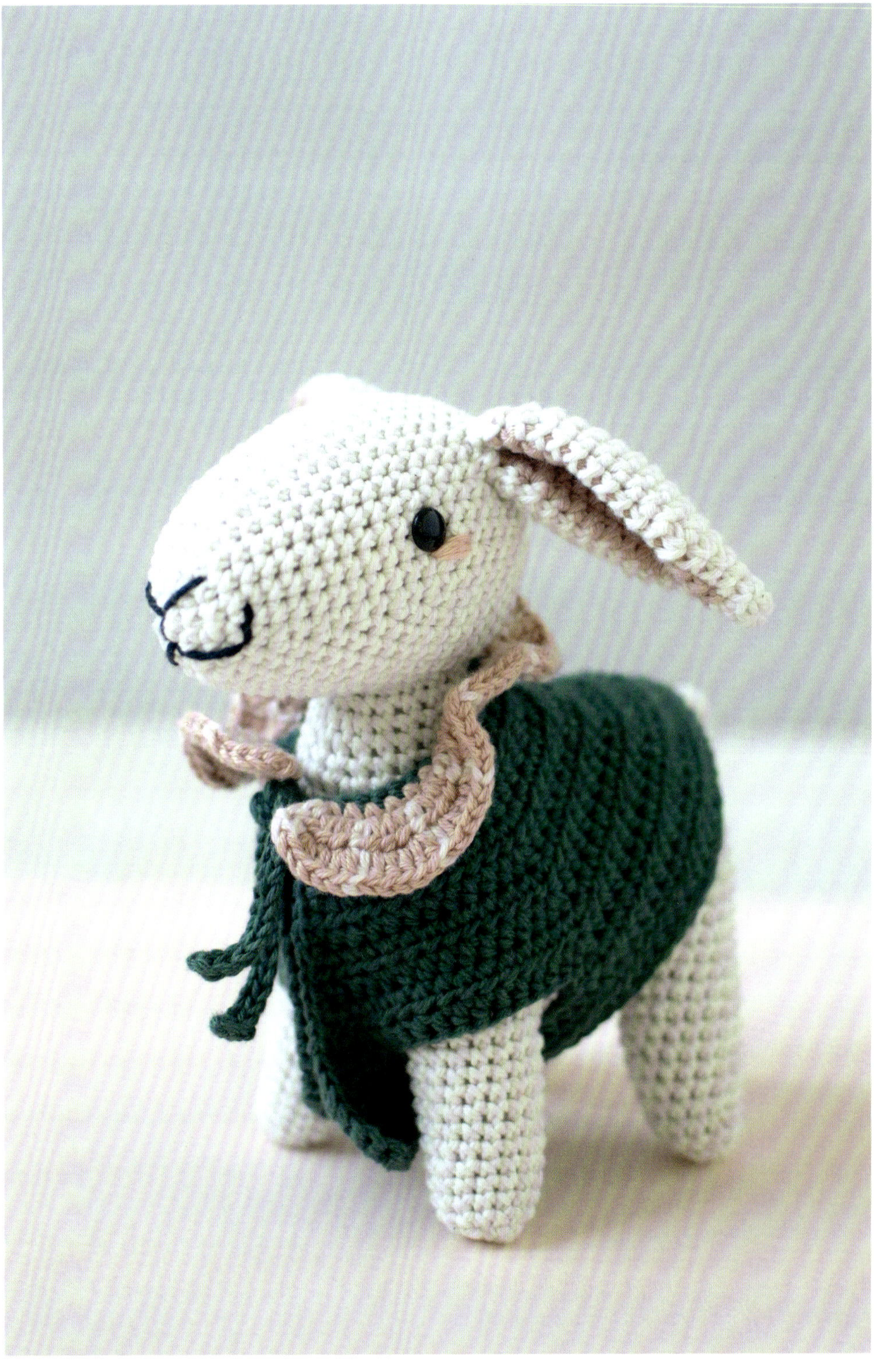

CORPO

(em off-white)
Comece do pescoço. 18 corr. Certifique-se de que sua corrente não está torcida. Insira a agulha na primeira corrente e una a corrente de base com um pbx. Continue trabalhando em espiral.

Vlt 1-2: pb em todos os 18 pt [18]
Vlt 3: pb nos próximos 8 pt, aum nos próximos 2 pt, pb nos próximos 8 pt [20]
Vlt 4: pb em todos os 20 pt [20]
Vlt 5: 15 corr. Coloque um marcador no próximo pt, este marcará o início da próxima volta. Trabalhe na corrente, aum na segunda corr da corrente de base iniciada, pb nos próximos 13 pt, pb onde começa a corrente de base, continue no pescoço e pb nos próximos 20 pt, continue do outro lado da corrente e pb nos próximos 13 pt, aum no pt seguinte [51]
Vlt 6: pb no próximo pt, aum no pt seguinte, pb nos próximos 22 pt, aum no pt seguinte, pb no próximo pt, aum no pt seguinte, pb nos próximos 23 pt, aum no pt seguinte [55]
Vlt 7: aum no pt seguinte, pb no próximo pt, aum no pt seguinte, pb nos próximos 50 pt, aum no pt seguinte, pb no próximo pt [58]
Vlt 8: pb no próximo pt, aum no pt seguinte, pb nos próximos 2 pt, aum no pt seguinte, pb nos próximos 23, aum no pt seguinte, pb nos próximos 2 pt, aum no pt seguinte, pb nos próximos 24 pt, aum no pt seguinte, pb no próximo pt [63]
Vlt 9: pb no próximo pt, aum no pt seguinte, pb nos próximos 3 pt, aum no pt seguinte, pb nos próximos 54 pt, aum no pt seguinte, pb nos próximos 2 pt [66]
Vlt 10-18: pb em todos os 66 pt [66]

PERNAS

Vamos dividir o trabalho para crochetar as quatro patas.

PRIMEIRA PERNA DE TRÁS
Primeiro, precisamos achar o ponto do meio das costas do corpo. Se você ainda não atingiu este ponto, continue trabalhando até chegar nele.
Então, pb nos próximos 2 pt. Coloque um marcador no próximo pt.
Pb nos próximos 10 pt, 8 corr. Una a última corrente ao ponto marcado com um pbx.
A perna será formada por 10 pb do corpo e as 8 corr de base. Continue trabalhando na primeira perna de trás.
Vlt 1: pb nos próximos 18 pt (10 no corpo e 8 na corr) [18]
Vlt 2-3: pb em todos os 18 pt [18]
Vlt 4: pb nos próximos 16 pt, dim [17]
Vlt 5: pb em todos os 17 pt [17]
Vlt 6: pb nos próximos 15 pt, dim [16]
Vlt 7: pb em todos os 16 pt [16]
Vlt 8: pb nos próximos 14 pt, dim [15]
Vlt 9-10: pb em todos os 15 pt [15]
Vlt 11: (pb no próximo pt, dim) repetir 5 vezes [10]
Vlt 12: dim 5 vezes [5]
Arremate deixando um pedaço longo de fio. Utilize uma agulha de tapeçaria para esconder o fio passando pela laçada da frente dos pontos que restaram e puxe com força para fechar. Esconda o resto do fio.

PRIMEIRA PERNA DA FRENTE
Conte 9 pt a partir da primeira perna de trás (esta parte vai virar a barriga) e una o fio off-white ao 10º pt.
Pb nos próximos 10 pt, 8 corr e una a última corr ao primeiro ponto pb com um pbx.
Vlt 1-12: repetir as voltas 1-12 da primeira perna de trás.

SEGUNDA PERNA DA FRENTE
Conte 4 pt à esquerda da primeira perna da frente (este será o espaço entre as pernas) e una o fio off-white ao 5º pt.
Pb nos próximos 10 pt, 8 corr e una a última corr ao primeiro ponto pb com um pbx.
Vlt 1-12: repetir as voltas 1-12 da primeira perna de trás.

SEGUNDA PERNA DE TRÁS
Conte 9 pt à esquerda da segunda perna da frente (esta parte vai virar o outro lado da barriga) e una o fio off-white ao 10º pt.
Pb nos próximos 10 pt, 8 corr e una a última corr ao primeiro ponto pb com um pbx.
Vlt 1-12: repetir as voltas 1-12 da primeira perna de trás.

BARRIGA
Entre as pernas você tem um espaço de 9 pontos nas laterais e 4 pontos na frente e nas costas.
Faça a barriga trabalhando abas nesses pontos. Comece em um espaço de 9 pontos de uma lateral. Una o fio

off-white ao primeiro ponto ao lado da primeira perna que você fez. Trabalhe em carreiras.
Carr 1-12: pb nos próximos 9 pt, 1 corr, virar [9]
Arremate deixando um pedaço longo de fio para a costura.

ABA ENTRE AS PERNAS
Para a aba das costas, una o fio off-white ao primeiro ponto ao lado da última perna que você fez. Trabalhe em carreiras.
Carr 1-4: pb nos próximos 4 pt, 1 corr, virar [4]
Arremate deixando um pedaço longo de fio para a costura. Trabalhe a aba entre as pernas da frente da mesma maneira.

FINALIZAÇÃO DO CORPO
Utilizando uma agulha de tapeçaria, costure a aba frontal às pernas da frente e a aba das costas às pernas de trás. Encha bem cada perna. Utilizando uma agulha de tapeçaria, costure a aba da barriga ao outro lado do corpo. Então costure a aba da barriga às pernas e as abas entre elas, enchendo o corpo enquanto vai costurando. Costure a cabeça no corpo.

ORELHAS

(faça 2, inicie em off-white)
Vlt 1: inicie com 6 pb em um anel mágico [6]
Vlt 2: pb em todos os 6 pt [6]
Continue trabalhando alternando os fios (off-white e rosa pastel). A cor que você deve trabalhar será indicada antes de cada parte.
Vlt 3: (off-white) (pb no próximo pt, aum no pt seguinte) repetir 2 vezes, (rosa pastel) pb no próximo pt, aum no pt seguinte [9]
Vlt 4: (off-white) (pb nos próximos 2 pt, aum no pt seguinte) repetir 2 vezes, (rosa pastel) pb nos próximos 2 pt, aum no pt seguinte [12]
Vlt 5: (off-white) (pb nos próximos 3 pt, aum no pt seguinte) repetir 2 vezes, (rosa pastel) pb nos próximos 3 pt, aum no pt seguinte [15]
Vlt 6: (off-white) (pb nos próximos 4 pt, aum no pt seguinte) repetir 2 vezes, (rosa pastel) pb nos próximos 4 pt, aum no pt seguinte [18]
Vlt 7-14: (off-white) (pb nos próximos 12 pt, (rosa pastel) pb nos próximos 6 pt [18]
Vlt 15: (off-white) (pb nos próximos 4 pt, dim) repetir 2 vezes, (rosa pastel) pb nos próximos 4 pt, dim [15]
Vlt 16: (off-white) (pb nos próximos 3 pt, dim) repetir 3 vezes [12]
Arremate deixando um pedaço longo de fio para a costura. Não é necessário encher. Achate e puxe as orelhas. Costure as orelhas no topo da cabeça.

RABO

(em off-white)
Vlt 1: inicie com 6 pb em um anel mágico [6]
Vlt 2-5: pb em todos os 6 pt [6]
Arremate deixando um pedaço longo de fio para a costura. Não é necessário encher.

CAPA

(com 2 fios de fio fingering em verde, utilizando uma agulha de crochê tamanho 3,25 mm)
33 corr. Trabalhe em carreiras.
Carr 1: inicie na segunda corr a partir da agulha, pb em todos os 32 pt, 2 corr, virar [32]
Carr 2: (pma nos próximos 7 pt, aum no pt seguinte) repetir 4 vezes, 2 corr, virar [36]
Carr 3: (pma nos próximos 8 pt, aum no pt seguinte) repetir 4 vezes, 2 corr, virar [40]
Carr 4: (pma nos próximos 9 pt, aum no pt seguinte) repetir 4 vezes, 2 corr, virar [44]
Carr 5: (pma nos próximos 10 pt, aum no pt seguinte) repetir 4 vezes, 2 corr, virar [48]
Carr 6: (pma nos próximos 11 pt, aum no pt seguinte) repetir 4 vezes, 2 corr, virar [52]
Carr 7: (pma nos próximos 12 pt, aum no pt seguinte) repetir 4 vezes, 2 corr, virar [56]
Carr 8: (pma nos próximos 13 pt, aum no pt seguinte) repetir 4 vezes, 2 corr, virar [60]
Carr 9: (pma nos próximos 14 pt, aum no pt seguinte) repetir 4 vezes, 2 corr, virar [64]
Carr 10: pma nos próximos 4 pt, 10 corr, pular 10 pt, pma no próximo pt, aum no pt seguinte, (pma nos próximos 15 pt, aum no pt seguinte) repetir 2 vezes, pma nos próximos 2 pt, 10 corr, pular 10 pt, pma nos próximos 3 pt, aum no pt seguinte, 2 corr, virar [68]
Carr 11: pma em todos os 68 pt, 2 corr, virar [68]
Carr 12: (pma nos próximos 16 pt, aum no pt seguinte) repetir 4 vezes, 2 corr, virar [72]
Carr 13: pma em todos os 72 pt [72]
Sem virar, 1 corr, pb em todas laterais das carreiras do primeiro lado (cerca de 13 pb), 21 corr para fazer a alça da capa, inicie da segunda corr a partir da agulha, pbx nas próximas 20 corr, pb no ponto da base inicial da corrente, continue pelo decote e pb nos próximos 32 pt, 21 corr para fazer a outra alça da capa, inicie da segunda corr a partir da agulha, pbx nas próximas 20 corr, pb no ponto da base inicial da corrente, pb do outro lado das laterais das carreiras (cerca de 13 pb), pbx nos 72 pt a partir da carreira 13 da capa. Arremate e esconda os fios.

COLAR FRANZIDO
(com 2 fios de fio fingering em rosa pastel, usando uma agulha de crochê tamanho 3,25)
Una o fio rosa pastel inserindo a agulha no decote pelo lado direito de frente para você. Trabalhe em carreiras.
Carr 1: pb nos próximos 32 pt, 2 corr, virar [32]
Continue trabalhando em padrão listrado em tapeçaria em crochê, fazendo 3 pt em rosa pastel e 1 pt em off-white.
Carr 2: pma em todos os 32 pt, 2 corr, virar [64]
Continue trabalhando em padrão listrado fazendo 1 pt em off-white e 5 pontos em rosa pastel.
Carr 3: (pma no próximo pt, pma aum no pt seguinte) repetir 32 vezes [96]
Arremate e esconda os fios.

Elena Corça

Elena trabalha como Técnica de Informática autônoma para a Nigra Tigresa: ela programa todos os sistemas que ajudam sua amiga a fabricar tecidos engenhosos. Quando Elena não está trabalhando no laboratório, ela toma doses de criatividade e programa videogames, sua verdadeira paixão. Elena adora os videogames, permitindo que ela seja quem quer ser sem ter que sempre ser o cervo doce e amável que todos esperam que ela seja. O trabalho no laboratório pode ficar muito cansativo e estressante e, para voltar ao ritmo, Elena tirou uns meses do seu trabalho principal para trabalhar em um novo jogo junto de Newton Coruja e sua alma gêmea Audrey Gazela.

NÍVEL DE HABILIDADE ★★

Tamanho:
32 cm de altura quando feito com o fio indicado (de pé, orelhas incluídas)

Materiais:
- Fio worsted em
  · marrom mink
  · off-white
  · preto
  · coral
  · rosa pastel
  · vermelho-vivo
  · rosa-salmão
  · amarelo
- Agulha de crochê tamanho 2,75 mm
- Olho preto de segurança (8 mm)
- Fibra acrílica

Habilidades necessárias:
anel mágico (p. 32), trabalhando ao redor de uma corrente de base (p. 34), trabalhando em carreiras, trocando de cor no início da volta (p. 35), trabalhando tapeçaria em crochê de um diagrama (p. 36), dividindo o corpo em quatro partes (p. 158), bordado (p. 38), unindo partes (p. 39)

CABEÇA

(iniciar em preto)
Vlt 1: inicie com 6 pb em um anel mágico [6]
Vlt 2: aum em todos os 6 pt [12]
Vlt 3: (pb no próximo pt, aum no pt seguinte) repetir 6 vezes [18]
Vlt 4-5: pb em todos os 18 pt [18]
Troque para fio off-white.
Vlt 6: pb em todos os 18 pt [18]
Vlt 7: (pb nos próximos 2 pt, aum no pt seguinte) repetir 6 vezes [24]
Vlt 8-9: pb em todos os 24 pt [24]
Troque para fio marrom mink.
Vlt 10: pb nos próximos 9 pt, aum nos próximos 6 pt, pb nos próximos 9 pt [30]
Vlt 11: pb em todos os 30 pt [30]
Vlt 12: pb em nos próximos 10 pt, (aum no próximo pt, pb no pt seguinte) repetir 6 vezes, pb nos próximos 8 pt [36]
Vlt 13-14: pb em todos os 36 pt [36]
Vlt 15: pb em nos próximos 11 pt, (aum no próximo pt, pb nos próximos 2 pt) repetir 6 vezes, pb nos próximos 7 pt [42]
Vlt 16-17: pb em todos os 42 pt [42]
Vlt 18: (pb nos próximos 6 pt, aum no pt seguinte) repetir 6 vezes [48]
Vlt 19: pb nos próximos 18 pt, aum no pt seguinte, pb nos próximos 10 pt, aum no pt seguinte, pb nos próximos 18 pt [50]
Vlt 20-25: pb em todos os 50 pt [50]

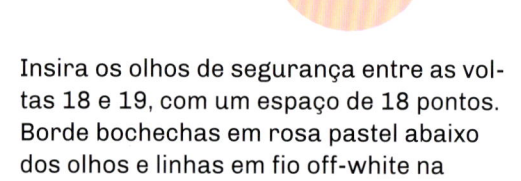

Insira os olhos de segurança entre as voltas 18 e 19, com um espaço de 18 pontos. Borde bochechas em rosa pastel abaixo dos olhos e linhas em fio off-white na cabeça.
Vlt 26: pb nos próximos 18 pt, dim, pb nos próximos 10 pt, dim, pb nos próximos 18 pt [48]
Vlt 27: (pb nos próximos 6 pt, dim) repetir 6 vezes [42]
Vlt 28: pb em todos os 42 pt [42]
Vlt 29: (pb nos próximos 5 pt, dim) repetir 6 vezes [36]
Vlt 30: (pb nos próximos 4 pt, dim) repetir 6 vezes [30]
Vlt 31: (pb nos próximos 3 pt, dim) repetir 6 vezes [24]
Encha bem a cabeça com fibra acrílica.
Vlt 32: (pb nos próximos 2 pt, dim) repetir 6 vezes [18]
Vlt 33: (pb no próximo pt, dim) repetir 6 vezes [12]
Vlt 34: dim 6 vezes [6]
Arremate deixando um pedaço longo de fio. Utilize uma agulha de tapeçaria para esconder o fio passando pela laçada da frente dos pontos que restaram e puxe com força para fechar. Esconda o resto do fio.

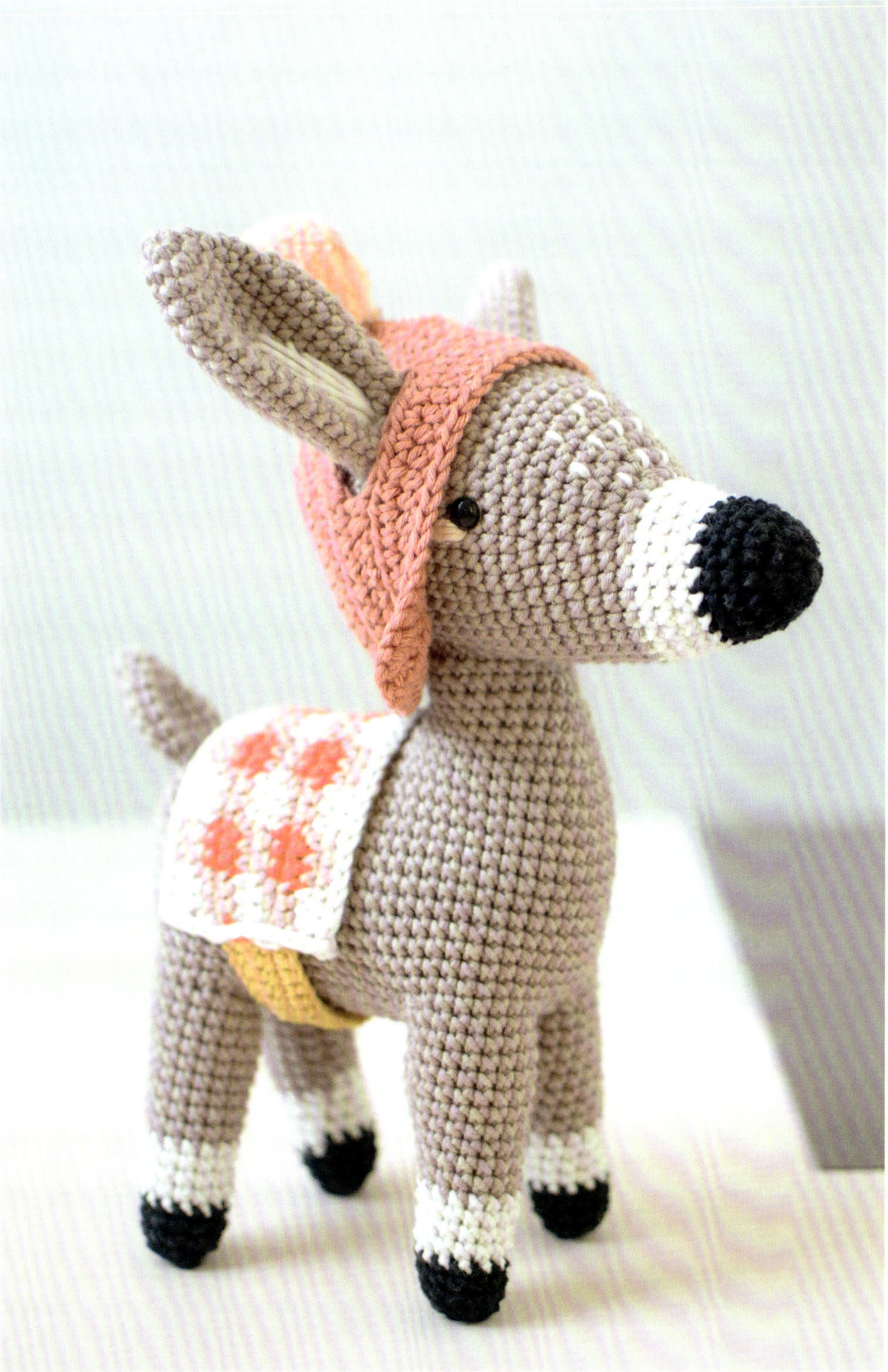

CORPO

(iniciar em marrom mink)
Inicie com o pescoço. 20 corr. Certifique-se de que sua corrente não está torcida. Insira a agulha na primeira corrente e una a corrente de base com um pbx. Continue trabalhando em espiral.
Vlt 1-2: pb em todos os 20 pt [20]
Vlt 3: pb nos próximos 9 pt, aum nos próximos 2 pt, pb nos próximos 9 pt [22]
Vlt 4: pb em todos os 22 pt [22]
Vlt 5: pb nos próximos 10 pt, aum no próximo pt, pb no pt seguinte, aum no pt seguinte, pb nos próximos 9 pt [24]
Vlt 6: pb no próximo pt, 14 corr. Coloque um marcador no próximo pt, este marcará o início da próxima volta. Trabalhe com a corrente, aum na segunda corr a partir da agulha, pb nos próximos 12 pt, pb onde começa a corrente de base, continue no pescoço e pb nos próximos 24 pt, continue do outro lado da corrente e pb nos próximos 12, aum no pt seguinte [53]
Vlt 7: aum nos próximos 2 pt, pb nos próximos 23 pt, aum no pt seguinte, pb nos próximos 2 pt, aum no pt seguinte, pb nos próximos 22 pt, aum nos próximos 2 pt [59]
Vlt 8: (pb no próximo pt, aum no pt seguinte) repetir 2 vezes, pb nos próximos 52 pt, aum no pt seguinte, pb no próximo pt, aum no pt seguinte [63]
Vlt 9: pb no próximo pt, aum no pt seguinte, pb nos próximos 2 pt, aum no pt seguinte, pb nos próximos 25 pt, aum no pt seguinte, pb nos próximos 3 pt, aum no pt seguinte, pb nos próximos 24 pt, aum no pt seguinte, pb nos próximos 2 pt, aum no pt seguinte [69]
Vlt 10: aum no próximo pt, pb nos próximos 4 pt, aum no pt seguinte, pb nos próximos 58 pt, aum no pt seguinte, pb nos próximos 4 pt [72]
Vlt 11-20: pb nos próximos 72 pt [72]

PERNAS

Vamos dividir o trabalho para crochetar as quatro patas.

PRIMEIRA PERNA DE TRÁS
Primeiro, precisamos achar o ponto do meio das costas do corpo. Se você ainda não atingiu este ponto, continue trabalhando até chegar nele.
Então, pb nos próximos 2 pt. Coloque um marcador no próximo ponto. Pb nos próximos 10 pt, 8 corr. Una a última corrente ao ponto marcado com um pbx.
A perna será formada por 10 pb do corpo e as 8 corr de base. Continue trabalhando na primeira perna de trás.
Vlt 1: pb em todos os 18 pt (10 no corpo e 8 na corr) [18]
Vlt 2-4: pb em todos os 18 pt [18]
Vlt 5: pb nos próximos 16 pt, dim [17]
Vlt 6: pb em todos os 17 pt [17]
Vlt 7: pb nos próximos 15 pt, dim [16]
Vlt 8: pb em todos os 16 pt [16]
Vlt 9: pb nos próximos 14 pt, dim [15]
Vlt 10: pb em todos os 15 pt [15]
Troque para fio off-white.
Vlt 11: pb nos próximos 13 pt, dim [14]
Vlt 12: pb em todos os 14 pt [14]
Vlt 13: pb nos próximos 12 pt, dim [13]
Vlt 14: pb em todos os 13 pt [13]
Troque para fio preto.
Vlt 15: pb nos próximos 11 pt, dim [12]
Vlt 16-17: pb em todos os 12 pt [12]
Vlt 18: dim 6 vezes [6]
Arremate deixando um pedaço longo de fio. Utilize uma agulha de tapeçaria para esconder o fio passando pela laçada da frente dos pontos que restaram e puxe com força para fechar. Esconda o resto do fio.

PRIMEIRA PERNA DA FRENTE
Conte 12 pontos a partir da primeira perna de trás (esta parte vai virar a barriga) e una o fio marrom mink ao 13º ponto.
Pb nos próximos 10 pt, 8 corr e una a última corr ao primeiro ponto pb com um pbx.
Vlt 1-18: repetir as voltas 1-18 da primeira perna de trás.

SEGUNDA PERNA DA FRENTE
Conte 4 pt à esquerda da primeira perna da frente (este será o espaço entre as pernas) e una o fio marrom mink ao 5º ponto.
Pb nos próximos 10 pt, 8 corr e una a última corr ao primeiro ponto pb com um pbx.
Vlt 1-18: repetir as voltas 1-18 da primeira perna de trás.

SEGUNDA PERNA DE TRÁS
Conte 12 pt à esquerda da segunda perna da frente (esta parte vai virar o outro lado da barriga) e una o fio marrom mink ao 13º ponto.
Pb nos próximos 10 pt, 8 corr e una a última corr ao primeiro ponto pb com um pbx.
Vlt 1-18: repetir as voltas 1-18 da primeira perna de trás.

BARRIGA
Entre as pernas você tem um espaço de 12 pt nas laterais e 4 pontos na frente e nas costas.
Faça a barriga trabalhando abas nesses pontos. Comece em um espaço de 12 pontos de uma lateral. Una o fio marrom mink ao primeiro ponto próximo à primeira perna que você fez. Trabalhe em carreiras.
Carr 1-12: pb nos próximos 12 pt, 1 corr, virar [12]
Arremate deixando um pedaço longo de fio para a costura.

ABA ENTRE AS PERNAS
Para a aba das costas, una o fio marrom mink ao primeiro ponto próximo à última perna que você fez. Trabalhe em carreiras.
Carr 1-4: pb nos próximos 4 pt, 1 corr, virar [4]
Arremate deixando um pedaço longo de fio para a costura. Trabalhe a aba entre as pernas da frente da mesma maneira.

FINALIZAÇÃO DO CORPO
Utilizando uma agulha de tapeçaria, costure a aba frontal às pernas da frente e a aba das costas às pernas de trás. Encha bem cada perna. Utilizando uma agulha de tapeçaria, costure a aba da barriga ao outro lado do corpo. Então costure a aba da barriga às pernas e as abas entre elas, enchendo o corpo enquanto vai costurando. Costure a cabeça ao corpo.

RABO

(**em marrom mink**)
Vlt 1: inicie com 5 pb em um anel mágico [5]
Vlt 2: pb em todos os 5 pt [5]
Vlt 3: aum em todos os 5 pt [10]
Vlt 4: pb em todos os 10 pt [10]
Vlt 5: (pb no próximo pt, aum no pt seguinte) repetir 5 vezes [15]
Vlt 6: pb em todos os 15 pt [15]
Vlt 7: (pb nos próximos 3 pt, dim) repetir 3 vezes [12]
Arremate deixando um pedaço longo de fio. Achate antes de costurar. Não encha.

CHAPÉU BONNET

(em coral)
40 corr. Trabalhe em carreiras.
Carr 1: iniciar na terceira corr a partir da agulha, pma nos próximos 38 pt, 2 corr, virar [38]
Carr 2: pma nos próximos 38 pt, 2 corr, virar [38]
Carr 3: pma nos próximos 9 pt, 6 corr, pular 6 pt, pma nos próximos 8 pt, 6 corr, pular 6 pt, pma nos próximos 9 pt, 2 corr, virar [38]
Carr 4-6: pma nos próximos 38 pt, 1 corr, virar [38]
Carr 7: pma nos próximos 18 pt, pma aum nos próximos 2 pt, pma nos próximos 18 pt, 2 corr, virar [40]
Carr 8: pma nos próximos 19 pt, pma aum nos próximos 2 pt, pma nos próximos 19 pt, 1 corr, virar [42]
Carr 9: pb nos próximos 10 pt, pma nos próximos 22 pt, pb nos próximos 10 pt [42]
Sem virar, 1 corr, pb em todas as laterais das carreiras do primeiro lado (cerca de 12 pb), 1 corr. Continue do outro lado na carr 1, pb nos próximos 38 pt, 1 corr. Continue em todas as laterais das carreiras do outro lado (cerca de 12 pb). Dobre o chapéu ao meio e faça pbx em toda carr 9, trabalhando os dois lados do tecido, pegando uma laçada de cada carreira (laç atrás do pt mais próximo e laç frente do pt mais longe). Arremate e esconda os fios. Faça um pompom de 5 cm em rosa-salmão.

ORELHAS

(faça 2 em marrom mink)
Vlt 1: inicie com 6 pb em um anel mágico [6]
Vlt 2: aum em todos os 6 pt [12]
Vlt 3: pb em todos os 12 pt [12]
Vlt 4: (pb no próximo pt, aum no pt seguinte) repetir 6 vezes [18]
Vlt 5-6: pb em todos os 18 pt [18]
Vlt 7: (pb nos próximos 2 pt, aum no pt seguinte) repetir 6 vezes [24]
Vlt 8-11: pb em todos os 24 pt [24]
Vlt 12: (pb nos próximos 6 pt, dim) repetir 3 vezes [21]
Vlt 13-14: pb em todos os 21 pt [21]
Vlt 15: (pb nos próximos 5 pt, dim) repetir 3 vezes [18]
Vlt 16-17: pb em todos os 18 pt [18]
Arremate deixando um pedaço longo de fio para a costura. Borde listras em fio off-white do lado de dentro das orelhas. Não é necessário encher. Achate e puxe as orelhas antes de costurá-las à cabeça.

MANTA

Nota: *Para a manta usei a técnica de tapeçaria em crochê, seguindo o diagrama. Se você não se sente confiante em usar esta técnica, pode escolher fazer a manta em uma cor ou fazer um listrado simples.*

(iniciar em off-white)
31 corr. Trabalhe em carreiras. Continue no padrão gingham de tapeçaria em crochê, usando os fios off-white, rosa pastel e vermelho-vivo (veja o diagrama).
Carr 1: iniciar da segunda corr a partir da agulha, pb nos próximos 30 pt, 1 corr, virar [30]
Carr 2-10: pb em todos os 30 pt, 1 corr, virar [30]
Sem virar, faça pbx em toda a volta da manta com fio off-white. Arremate e esconda os fios.

ALÇA DA MANTA
(em amarelo)
24 corr. Trabalhe em carreiras.
Carr 1: inicie da segunda corr a partir da agulha, pb nos próximos 23 pt, 1 corr, virar [23]
Carr 2-4: pb em todos os 23 pt, 1 corr, virar [23]
Arremate deixando um pedaço longo de fio. Costure as pontas das alças na manta.

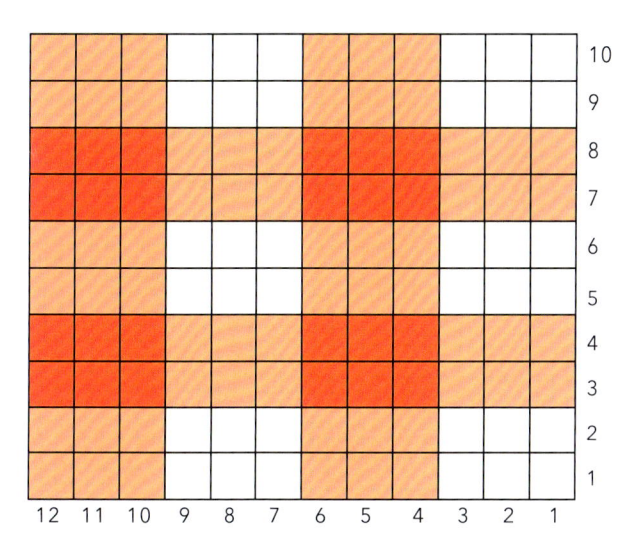

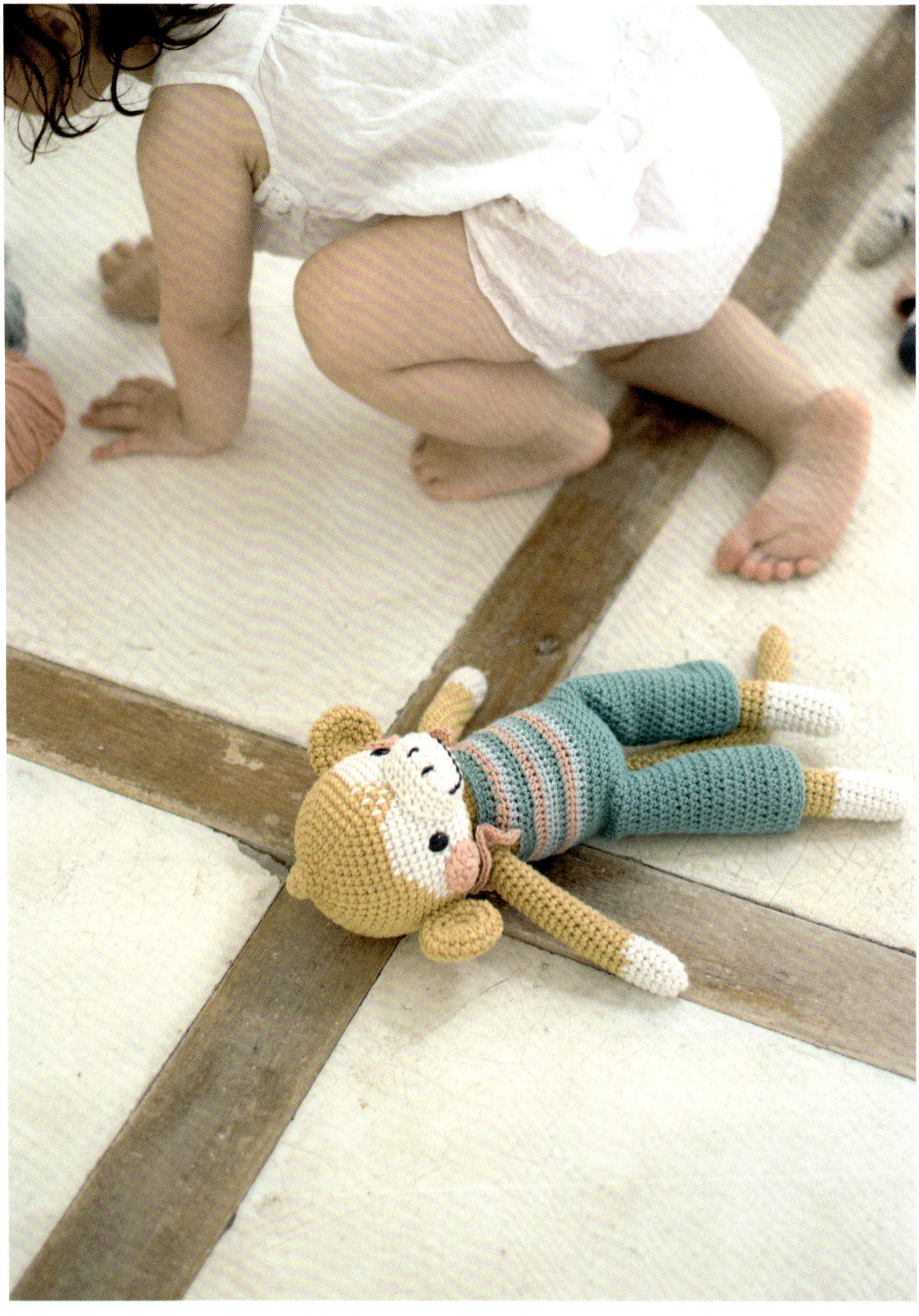

AGRADECIMENTOS

Agradeço à minha família. Agradeço aos meus filhos, meus admiradores mais fervorosos e meus críticos mais perspicazes. A Goros, meu esposo e melhor amigo, que me empurra para seguir adiante cada vez que quero me dar por vencida (um pouco como um zunido na minha cabeça, meu Grilo Falante particular). Também foi ele quem me ensinou a configurar a câmera para tirar fotos relativamente decentes.
Agradeço ao Lucas, meu sócio nessa nova e delirante aventura de fiar. Agradeço por ele ser quase tão louco como eu, por se ocupar de todas as coisas que não gosto de fazer (como ser um adulto capaz de tocar um negócio) e por confiar em mim.
Agradeço a Joke e Dora, minhas editoras na versão em inglês, por continuar apoiando minhas ideias, por escutar todos os meus caprichos e por tornar meus pensamentos um pouco mais legíveis.
Agradeço à Carmen, minha editora na versão em português, que me acompanha sempre, se preocupa comigo, entende meu tempo e, com suas doces palavras, faz desaparecer o oceano que nos separa.
Agradeço a todos os testadores de receitas que nos ajudam a preparar os padrões deste livro, ver pela primeira vez um dos bonecos terminados foi um dos momentos mais emocionantes e emotivos de todo o livro. Nesse momento, o livro se tornou "real". Obrigada pela ajuda valiosa.
E, como nunca vou me cansar de repetir, obrigada a todas e todos vocês que ainda estão aqui, lendo, me animando e transmitindo todo o carinho, se preocupando com meus problemas e compartilhando fotos de seus entes queridos abraçando seus maravilhosos personagens.
Mil vezes, obrigada!

Título original: **Animal Friends of Pica Pau 2 Gather All 20 Original Amigurumi Characters**
Publicado originalmente por Meteoor Books, Antuérpia, Bélgica em 2020

Fotografias: Yan Schenkel e Matías Gorostegui
Ilustrações: Yan Schenkel
Design editorial: Meteoor books
Design da capa: Yan Schenkel

Tradução de Cristiane Bertoluci
Preparação de texto: Alessandra Angelo e Grace Mosquera Clemente

1ª edição, 2021

Qualquer forma de reprodução, distribuição, comunicação pública ou transformação desta obra só pode ser realizada com a autorização expressa de seus titulares, salvo exceção prevista pela lei. Caso seja necessário reproduzir algum trecho desta obra, seja por meio de fotocópia, digitalização ou transcrição, entrar em contato com a Editora.

A Editora não se pronuncia, expressa ou implicitamente, a respeito da acuidade das informações contidas neste livro e não assume qualquer responsabilidade legal em caso de erros ou omissões.

© Yan Schenkel, 2020
© da tradução: Cristiane Bertoluci
Para a edição em português:
© Editora Olhares, 2021

Impressão: Mais Type
ISBN: 978-65-88280-09-6

Dados Internacionais de Catalogação na Publicação (CIP)
Ficha elaborada segundo a AACR2r

S324b Schenkel, Yan
A banda do Pica Pau 2 : 20 divertidos amigurumis de Yan Schenkel / ilustrações Yan Schenkel ; tradução Cristiane Bertoluci —
São Paulo : Olhares, 2021.
176 p. : il. fot. ; 23 cm.

ISBN 978-65-88280-09-6

1. Artesanato. 2. Crochê. 3. Brinquedos. 4. Brinquedos artesanais.
I. Bertoluci, Cristiane. II. Título

CDD 746.43
CDU 746

Ficha catalográfica elaborada pela bibliotecária Renata Fernandes Veloso Baralle — CRB-8/10366

OLHARES

EO Editora Ltda
Avenida das Comunicações, 265 - CEP 06276-190 . Osasco-SP . Tel. (11) 29241744
editoraolhares.com.br